www.ingramcontent.com/pod-product-compliance
Lightning Source LLC
Chambersburg PA
CBHW060631030426
42337CB00018B/3298

بادشاہی میں خوش آمدید

خُدا کے ساتھ ساتھ چلتے رہیں

مصنف: ڈینیل کنگ

DANIEL KING

WWW.KINGMINISTRIES.COM

WELCOME TO THE KINGDOM
By: Daniel King
King Ministries, Tulsa (OK), USA

URDU LANGUAGE EDITION
Translated by: Riaz Sadiq (Senior Pastor)
Good News Church, Lahore, Pakistan

بادشاہی میں خوش آمدید - *Baadshahi Mein Khush Amadeed (Welcome to the Kingdom - Urdu)*

ISBN: 1-931810-28-1

Copyright 2015 by:
    Daniel King
    King Ministries
    PO Box 701113
    Tulsa, OK 74170-1113 USA
    1-877-431-4276
    daniel@kingministries.com

پیش لفظ

کلیسیائے پاکستان کی خدمت میں آداب!

جس طرح محکمہ سیر وسیاحت کسی سیاح کی راہنمائی کیلئے کسی شہر یا تفریحی مقام کا نقشہ، وہاں کے رسم ورواج اور آدابِ بُودوباش وغیرہ شائع کرتا ہے بعین ہی ''بادشاہی میں خوش آمدید'' نامی اس کتابچہ میں ڈینیل کنگ نے نَومسیحیوں کی راہنمائی کیلئے الٰہی بادشاہت میں زندگی گزارنے کے آداب، اغراض ومقاصد اور حقوق وفرائض پر مبنی خوبصورت تعلیمی نکات پیش کیئے ہیں جنہیں موصوف نے ''خدا کے ساتھ ساتھ چلنے'' کا نام دیا ہے۔

جب ڈینیل کنگ سے میری پہلی ملاقات 2005 میں امریکہ میں ہوئی تو مَیں اُن کی مبشرانہ خدمات سے بے حد متاثر ہوا۔ آپ ایک شعلہ بیان نوجوان مسیحی مبشر اور کروڑوں افراد کو مسیح کے پاس لانے کی رویا کے حامل ہیں۔ زیرِ نظر کتاب ان کی آٹھویں تصنیف ہے جو کہ اب تک دُنیا کی مختلف زبانوں میں ساٹھ ہزار سے زائد افراد تک مفت تقسیم کی جاچکی ہے۔

میری گذارش ہے کہ اِسے پڑھیں، اس میں دی گئی تعلیمات کو دل میں رکھیں اور دوسروں تک پہنچائیں۔

ریاض صادق

ڈائریکٹر: سیلمن لٹریچر منسٹری

فہرستِ مضامین

تعارف

اِس خطہء زمین پر دوطرح کی بادشاہتیں موجود ہیں ۔ خُدا کی بادشاہت ''روشنی، شادمانی، صحت، بہتات اور محبت'' سے معمور ہے جبکہ عالمِ شیطان ''تاریکی، گناہ، شرم، بیماری، فقدان اور نفرت'' کی خصوصیات سے بھرپور ہے۔ اب یہ انسان پر منحصر ہے کہ وہ اِن دونوں میں سے کس سلطنت کی خدمت کرنے کا چناؤ کرتا ہے۔

اگر آپ پہلے ہی یسوع مسیح کو اپنی زندگی کے مالک و خُداوند کے طور پر قبول کر چکے ہیں تو مبارکباد کے مستحق ہیں کیونکہ آپ شہنشاہ کے فرزند بن چکے ہیں۔ اب خُدا آپکا باپ ہے، یسوع آپ کا بھائی ہے اور آپ سلطنتِ خُدا کی شہریت حاصل کر چکے ہیں جسکا ثبوت انجیل جلیل کی اِن آیاتِ مبارکہ سے واضح ہے۔

> ''اُسی نے ہم کو تاریکی کے قبضہ سے چھڑا کر اپنے عزیز بیٹے کی بادشاہی میں داخل کیا جس میں ہم کو مخلصی یعنی گناہوں کی معافی حاصل ہے۔'' (کلیسوں 1:13-14)

ایسی لاتعداد عظیم سچائیاں موجود ہیں جنکا سیکھنا ''خُدا کی بادشاہت'' کے نئے شہریوں کیلئے لازمی ہے۔ چنانچہ زیرِ نظر کتاب کی وجہ تصنیف بھی یہی ہے کہ قارئین پر اِس امر کے معنی واضح کر دیئے جائیں کہ ''خُدا کے گھرانہ کے افراد'' سے کیا مراد ہے نیز کثرت کی زندگی گزارنے میں ایمانداروں کی مدد کی جائے۔

ڈینیئل کنگ

کنگ منسٹریز۔ ایل پاسو

ٹیکساس۔ امریکہ

باب 1

خُدا آپ سے محبت کرتا ہے

"خُدامحبت ہے۔" (1۔ یوحنا 8:4) خُدا کی محبت کی پُرشکوہ ولاجواب کہانی کا آغاز طلوعِ وقت سے ہوتا ہے۔ بائبل مقدس فرماتی ہے، **"خُدانے ابتداء میں زمین وآسمان کو پیدا کیا۔"** (پیدائش 1:1) دراصل خُدا اپنے ایک دوست کا متمنی تھا یعنی اُسے ایک ایسے ساتھی کی ضرورت تھی جو اُسکے ساتھ گفتگو کرے اور اسکے ساتھ ساتھ چلے۔ چنانچہ اُس نے ایک خصوصی دوست کے تخلیق کرنے کا فیصلہ کیا تاکہ وہ نہ صرف اسکے تجربات سے حِظ اُٹھائے بلکہ اُس سے محبت کرتے ہوئے اسکی پرستش بھی کرے۔ خُدا نے اپنے دوست کیلئے ایک خوبصورت گھر کی تیاری کا آغاز کیا یعنی اُس نے زمین وآسمان، سورج، چاند اور ستارے خلق کیئے۔ اُس نے ہوا کے پرندوں، سمندر کی مچھلیوں، جانوروں کی متعدد اقسام اور سیاروں کی تخلیق کی۔ اُس نے نہایت محبت کے ساتھ بلند وبالا پہاڑی سلسلوں اور گہری وادیوں کو پیدا کیا اور زمین کو بیشمار خوبصورت اور گراں قیمت ہیرے جواہرات اور سونا وچاندی کی دولت سے مالامال کردیا۔

جب خُدا زمین وآسمان کے تمام حصوں کی تکمیل کرچکا تو اپنے شاہکار یعنی بنی نوع انسان کو خلق کیا۔ اگرچہ اُسکی تمام تخلیقات اسکے تصّور پر پیدا کی گئیں مگر خُدا نے ہم انسانوں کو خود اپنی صورت پر پیدا کیا۔ (پیدائش 27:1) خُدا نے پہلے انسان کا نام آدم اور اُسکی زوجہ کا نام حوا رکھا اور زمین کی ہر چیز انہیں تحفتہً" عطا کردی۔ اُس نے انہیں سمندر کی مچھلیوں، ہوا کے پرندوں اور زمین پر رینگنے والی تمام مخلوقات پر حکمرانی کرنے کا اختیار بخشا۔ گویا آدم حدِ نظر تک ہر چیز کا بادشاہ تھا۔ خُدا کی خلق کردہ ہر چیز کسی مقصد کے تحت پیدا کی گئی ہے۔ پرندوں کو پرواز، مچھلیوں کو تیراکی، پودوں کو خوراک سازی اور ہوا کو بغرضِ تنفس پیدا کیا گیا مگر بنی نوع انسان کو حکمرانی اور خُدا کی دوستی کیلئے خلق کیا گیا۔

آدم اور حوا خُدا کے ساتھ گفتگو کرتے اور اُسکے ساتھ ساتھ چلتے رہے جسکے دوران خُدا نے آدم کو حکمرانی کرنے کے گُر سکھائے اور حکومت کی غرض وغائت سے آگاہ کیا۔ آدم کیلئے بحیثیتِ بادشاہ نہ صرف اپنی بیوی کی حفاظت کرنا بلکہ اُس سے محبت کرنا بھی فرض تھا۔ اس پر لازم تھا کہ وہ تمام تخلیقات کو محکوم کرے اور صلح وامن اور ہم آہنگی والفت میں زندگی بسر کرے۔ اُس پر یہ بھی واجب تھا کہ

وہ اپنی تمام تر صلاحیتوں کے ساتھ اُن تمام وسائل کر بُروئے کار لائے جو خُدا نے اُسے عطا کرر کھے تھے

ہم سب پر بھی بادشاہ ہونے کی حیثیت سے یہ ذمہ داری عائد ہے کہ ہمیشہ اپنے خالق قادرِ مطلق خُدا کی فرمانبرداری کرتے رہیں۔ بدقسمتی سے ایک اور مخلوق بھی بادشاہ بننے کی خواہاں تھی یعنی لوسیفر جو کہ خُدا کا فرشتہ تھا مگر وہ اپنے ہی خالق خُدا کے خلاف بغاوت پر اُتر آیا۔ چنانچہ اُسے سزا دیکر اُسکے ساتھی فرشتوں کے ہمراہ زمین پر پٹک دیا گیا۔ (یسعیاہ 14:11-15، لوقا 10:18) چونکہ شیطان آدم سے حسد کرتا تھا اسلیئے اُس نے اس سے بادشاہ ہونے کا اعزاز چُرانے کا فیصلہ کرلیا۔ خُدا نے آدم اور حوا کو ایک ہدایت دے رکھی تھی جو کہ باغ کے وسط میں موجود درخت سے متعلق تھی: **"اور خُداوند خُدا نے آدم کو حکم دیا اور کہا کہ تُو باغ کے ہر درخت کا پھل بے روک ٹوک کھا سکتا ہے لیکن نیک وبد کی پہچان کے درخت کا کبھی نہ کھانا کیونکہ جس روز تُو نے اُس میں سے کھایا تُو مرا۔" (پیدائش 2:16-17)** یہی بظاہر معصوم درخت اُنکی فرمانبرداری کا ایک امتحان تھا جس کے پھل کے کھانے کا مطلب "روحانی موت اور خُدا سے ابدی جُدائی" تھا۔

ایک دن شیطان سانپ کے رُوپ میں باغِ عدن میں وارِد ہوا اور حوا سے دروغ گوئی کرتے ہوئے اُس درخت کے پھل میں سے کھانے کیلیئے قائل کرلیا۔ چنانچہ حوا نے اُس پھل میں سے لیا اور کھایا اور اپنے شوہر کو بھی دیا اور اُس نے کھایا۔ (پیدائش 3:6) اُسی لمحہ آدم اپنے بادشاہ ہونے کی حیثیت سے محروم ہوگیا کیونکہ اُس نے اپنے خالق خُدا کی نافرمانی کی۔ اُس شام جب خُدا حسبِ معمول باغ میں آیا تو آدم اور حوا نے خود کو اُسکی نظروں سے چھپانے کی کوشش کی کیونکہ وہ اپنے کیئے پر شرمندہ اور خوف زدہ تھے۔ خُدا نے انہیں پکارا مگر دوستوں کے جواب نہ دینے پر افسردہ ہوگیا۔

بالآخر آدم اور حوا نے خُدا کے سامنے اپنی رُودادِ گناہ پیش کرنے کی کوشش کی۔ وہ خُدا کی نافرمانی کے سبب سے گناہ کے مرتکب اَور شیطان کی آواز کے سننے اور اُس پر عمل کرنے کے باعث منصبِ حکمرانی سے محروم ہو چکے تھے۔ گویا اَب شیطان کو دنیا کا اختیار حاصل ہوا اور گناہ نے انسان کو خُدا سے علیحدہ کردیا۔ (پیدائش 3:22-24) خُدا نہایت ملول ہوا اور آدم اور حوا کو باغِ عدن میں سے باہر کردیا تاہم خُدا نے اُمید کی ایک کرن باقی رکھی کہ ایک دِن ایک نیا بادشاہ برپا ہوگا اور شیطان کے اختیار کو برباد کرکے انسان کو اُنکے گناہ سے نجات دیگا اور بحیثیتِ منجی خُدا اور انسان کے مابین رفاقت کو بحال کریگا اور اُسے دوبارہ بادشاہ بنا دیگا۔ (پیدائش 3:14-15)

باب 2

گناہ خُدا سے جُدا کرتا ہے

گناہ نے انسان اور خدا کے درمیان ایک بڑی خلیج پیدا کر رکھی ہے جسے انسان گراوٹِ آدم ہی سے عبور کرنے کیلئے مختلف طریقوں سے پُل تعمیر کرنے کی جدوجہد کرتا رہا ہے یعنی مذہب، نیک اعمال، فلسفہ اور اخلاقیات وغیرہ مگر یہ سب کچھ بھی اُس خلیج کو عبور کرنے میں ناکام رہا۔ اِس غلط نظریہ سے قطعٔ نظر کہ خُدا تک رسائی حاصل کرنے کے بہت سے راستے موجود ہیں حقیقت یہ ہے کہ ہمارے لئے خُدا کی رفاقت کے اَزسرِ نَو حصول کیلئے ایک ہی راستہ یسوع مسیح کی ذاتِ اقدس ہے جس نے فرمایا: "..... **راہ اور حق اور زندگی مَیں ہوں۔ کوئی میرے وسیلہ کے بغیر باپ کے پاس نہیں آتا۔**" (یوحنا 6:14) صدیوں سے شیطان بنی نوع انسان کو تباہ برباد کرنے کیلئے کوشاں ہے اور غربت، علالت، درد اور حتیٰ کہ موت کا سبب بنتا ہے۔ انسان دروغ گوئی، دھوکہ دہی اور چوری کا ارتکاب کرتا رہا ہے جسکے نتیجہ میں کئی ایک تباہ کُن جنگوں کے دوران لاکھوں جانیں لقمۂ اجل ہو کر جہنم رسید ہو چکی ہیں۔ بائبل فرماتی ہے کہ شیطان اور اسکے فرشتوں کیلئے ابدی آگ تیار ہو چکی ہے۔ (متی 41:25) یعنی ایک ایسی آگ جہاں تاریکی، رونا اور دانتوں کا پیسنا ہے۔ (متی 12:8) ہر طرح کی بدامنی وافراتفری کے باوجود انسان کے پاس ایک نجات دہندہ کا وعدہ موجود ہے جو کہ گناہ کے خوفناک نتائج کو تباہ کر دیگا۔ یسوع مسیح کا ارشاد ہے: "چور (شیطان) صرف چُرانے اور مار ڈالنے اور ہلاک کرنے کیلئے ہی آتا ہے جبکہ مَیں اسلیئے آیا کہ انسان زندگی پائیں اور کثرت سے پائیں۔" (یوحنا 10:10) آدم کی مانند ہر شخص گناہگار ہے: "کیونکہ سب نے گناہ کیا اور خُدا کے جلال سے محروم ہیں۔" (رومیوں 23:3) زمین کے ہر شخص نے خُدا کی نافرمانی کی ہے (خروج 20:3-17) انسان جھوٹ فریب کاری، چوری، نفرت، بدزبانی، زناکاری اور قتل کے ذریعہ اپنے ہی خالق کی نافرمانی کر رہا ہے جسکا نتیجہ خُدا سے ابدی علیٰحدگی ہے۔ "**پس جس طرح ایک آدمی کے سبب سے گناہ دنیا میں آیا اور گناہ کے سبب سے موت آئی اور یوں موت سب آدمیوں میں پھیل گئی اسلیئے کہ سب نے گناہ کیا۔**" (رومیوں 12:5) گویا گناہ کی قیمت موت ہے جو کہ بہر صورت قابلِ ادائیگی ہے "کیونکہ گناہ کی مزدوری موت ہے" (رومیوں 23:6)

باب 3

یسوع آپکے گناہوں کیلیئے مصلوب ہُوا

صرف موعودہ مُنجی ہی شیطان کو شکست دیکر آدمؔ سے کھوئی گئی بادشاہت کو بحال کرسکتا تھا جو کہ خُدا کا اکلوتا بیٹا ہے، **"لیکن جب وقت پورا ہوگیا تو خُدا نے اپنے بیٹے کو بھیجا جو عورت سے پیدا ہوا اور شریعت کے ماتحت پیدا ہوا تا کہ شریعت کے ماتحتوں کو مول لیکر چھڑا لے اور ہمکو لے پالک ہونے کا درجہ ملے۔"** (گلتیوں 4:4-5) انبیاء کرام کی پیشن گوئیوں کے عین مطابق مریمؔ نامی ایک کنواری کے ہاں ایک بچہ نے جنم لیا جس نے اُسکا نام یسوع مسیح رکھا جو کہ دنیا کیلیئے خُدا کا ایک تحفہ تھا: **"کیونکہ خُدا نے دُنیا سے ایسی محبت رکھی کہ اپنا اکلوتا بیٹا بخش دیا تا کہ جو کوئی اُس پر ایمان لائے ہلاک نہ ہو بلکہ ہمیشہ کی زندگی پائے۔"** (یوحنا 16:3) گویا خُدا نے اپنی بہترین نعمت ہمیں عطا کردی تا کہ انجام کار ہم بھی اپنی گراں قدر جانیں اُسکے حوالہ کردیں۔

یسوع بیک وقت خُدا اور انسان تھا اور اگرچہ وہ کائنات کا بادشاہ تھا مگر خُدا کی عظیم محبت کے باعث اپنے تمام تر آسمانی جاہ وجلال کو قربان کرتے ہوئے زمین پر آگیا تا کہ اس بات کی تعلیم دے کہ ہم کسطرح سے دوبارہ بادشاہ بن سکتے ہیں۔ ایک مرتبہ پھر خُدا نے یسوع کے ساتھ بطور انسان گفتگو کرنا اور اسکے ساتھ ساتھ رہنا شروع کردیا۔ یسوع مسیح نے اپنی خدمت کے آغاز میں ہی کہہ دیا تھا: **"خُدا کا روح مجھ پر ہے اسلیئے کہ اُس نے مجھے غریبوں کو خوشخبری دینے کیلیئے مسح کیا۔ اُس نے مجھے بھیجا ہے کہ قیدیوں کو رہائی اور اندھوں کو بینائی پانے کی خبر سناؤں۔ کچلے ہوؤں کو آزاد کروں اور خُداوند کے سالِ مقبول کی منادی کروں۔"** (لوقا 4:18-19) وہ واقعی شیطان کے کاموں کو تباہ کرنے کیلیئے آیا تھا: "کہ خُدا نے یسوع ناصری کو روح القدس اور قدرت سے کسطرح مسح کیا وہ بھلائی کرتا اور اُن سب کو جو ابلیس کے ہاتھ سے ظلم اُٹھاتے تھے شفا دیتا پھرا کیونکہ خُدا اُسکے ساتھ تھا" (اعمال 38:10)

خُداوند یسوع مسیح نے اندھوں کو آنکھیں اور بہروں کو کان دیئے، کوڑھیوں کو کیا اور ہر طرح کے بیماروں کو شفا بخشی۔ (متی 8-9 ابواب) اُس نے مُردوں کو زندہ اور بدروح گرفتہ لوگوں کو آزاد کیا اُس نے لوگوں کو اِس بات کی تعلیم دی کہ وہ کس طرح خُدا کی بادشاہی کے وارث بن سکتے ہیں۔ اُس نے ابدی سچائیوں کے سکھانے کیلیئے بہت سی تمثیل اور کہانیوں کا استعمال کیا۔ اُسکی عظیم ترین تعلیم یہ تھی:

"اور تُو خُداوند اپنے خُدا سے اپنے سارے دل اور اپنی ساری جان اور اپنی ساری عقل اور اپنی ساری طاقت سے محبت رکھ۔" (مرقس 30:12) اُس نے ہمیں یہ تعلیم بھی دی کہ اپنے پڑوسی سے اپنی مانند محبت رکھیں۔ (لوقا 27:10)

یسوع نے بادشاہی کی خوشخبری کی منادی کی جسکا مرکزی پیغام یہ تھا: "....توبہ کرو کیونکہ آسمان کی بادشاہی نزدیک آگئی ہے۔" (متی 17:4)۔ اُس نے لوگوں کو بتایا کہ وہ اپنے گناہوں سے توبہ کر کے خُدا کی بادشاہی کی جانب واپس لوٹ سکتے ہیں۔ یسوع نے اپنے شاگردوں کو یہ تربیت بھی دی کہ وہ کسطرح سے بادشاہ بن سکتے ہیں۔ اُس نے اپنی منادی کے ذریعہ سے بادشاہی کی سچائی کا اعلان کیا، اُس اپنے دانشمندانہ اقدام کے وسیلہ سے بادشاہت کے اخلاقی اصول سکھائے اور بیماروں کو اچھا کرنے کے ذریعے بادشاہت کی قدرت کا مظاہرہ کیا

یسوع آپ کیلئے صلیب پر مر گیا

اگرچہ یسوع نے بہت سے بیماروں کو ان کی جسمانی بیماریوں سے شفا بخشی لیکن اُسکے زمین پر آنے کا بڑا مقصد اُس سے بڑے مسئلہ کو حل کرنا تھا۔ اُس نے فرمایا: **"کیونکہ ابنِ آدم کھوئے ہوؤں کو ڈھونڈنے اور نجات دینے آیا ہے۔"** (لوقا 10:19) گویا یسوع مسیح انسان اور خُدا کے درمیان رفاقت کو بحال کرنے کیلئے آیا۔ وہ گناہ کی اُس رکاوٹ کو دور کرنا چاہتا تھا جو کہ ہمیں خُدا باپ کیساتھ گفتگو کرنے اور اسکے ساتھ چلنے سے روکتی ہے۔ یسوع رفاقت کی بحالی کا یہ کام صرف اپنی جان کی قربانی دیکر ہی کر سکتا تھا کیونکہ گناہ کی اگر کوئی قابلِ ادائیگی قیمت ہوسکتی تھی تو وہ صلیبی موت ہی تھی۔ یسوع مسیح کامل انسان تھا اور اس نے ہرگز کوئی گناہ نہ کیا تھا چنانچہ وہ موت کا مستحق نہیں تھا۔ تاہم یسوع نے مکمل بے گناہ ہونے کے باوجود ہر انسان کے گناہ کی قیمت ادا کرنے کیلئے مرنے کا فیصلہ کیا: **"کیونکہ جس طرح ایک ہی شخص کی نافرمانی سے بہت سے لوگ گناہگار ٹھہرے اُسی طرح ایک کی فرمانبرداری سے بہت سے لوگ راستباز ٹھہرینگے۔"** (رومیوں 19:5)

بعض بُرے لوگوں نے یسوع مسیح پر جھوٹے الزام لگائے جس پر اُسے مصلوب کر دینے کا حکم دیا گیا۔ انہوں نے اسکی کمر پر کوڑے برسائے اور اسکے سر پر کانٹوں کا تاج پہنایا۔ انہوں نے اسکے ہاتھوں اور پاؤں پر کیل ٹھونکے اور صلیب پر لٹکا دیا تاکہ اسکی موت واقع ہو جائے۔ پس یسوع نے

ہمارے گناہ کی قیمت ادا کرنے کیلئے صلیب پر جان دے دی اور چلایا: ''تمام ہوا۔'' (یوحنا19:30) اسکے معنی یہ تھے کے اُس نے ہر وہ تقاضا پورا کر دیا جو کہ ہماری نجات کیلئے لازم تھا۔ پھر ارمتیہ کے رہائشی یوسف اور نیکدیمس نامی ایک سردار نے یسوع کی لاش لیکر ایک نئی قبر میں دفن کر دی لیکن یسوع اُس قبر میں ہی نہ رہ گیا بلکہ تیسرے دن مُردوں میں سے جی اُٹھا: **''اسلئے کہ مسیح نے بھی یعنی راستباز نے ناراستوں کیلئے گناہوں کے باعث ایک بار دکھ اُٹھایا تاکہ ہم کو خُدا کے پاس پہنچائے۔ وہ جسم کے اعتبار سے تو مارا گیا لیکن رُوح کے اعتبار سے زندہ کیا گیا۔''** (1۔پطرس3:18)

یسوع مسیح آج بھی زندہ ہے اور آسمان پر خُدا کے دہنے ہاتھ بیٹھا ہے۔ (افسیوں1:20) عین اِس وقت یسوع آپ کو دیکھ رہا ہے اور اس بات کا منتظر ہے کہ آپ اُسکی قربانی کو قبول کرتے ہوئے اپنے گناہوں کی معافی مانگیں اور نجات پائیں۔

باب 4

آپ نجات پاسکتے ہیں

"**کیونکہ جو کوئی خُداوند کا نام لیگا نجات پائے گا۔**" (رومیوں 13:10) کوئی انسان بے گناہ نہیں ہے اسلیئے ہر شخص کو گناہ سے نجات پانے کی ضرورت ہے: "**کیونکہ گناہ کی مزدوری موت ہے مگر خُدا کی بخشش ہمارے خُداوند یسوع مسیح میں ہمیشہ کی زندگی ہے۔**" (رومیوں 23:6) خُدا اپنے بیٹے کو ہمارے گناہوں کی خاطر مصلوب ہونے کیلیئے بھیج کر ہماری نجات کی راہ مہیا کر چکا ہے: "**کیونکہ خُدا نے دنیا سے ایسی محبت رکھی کہ اُس نے اپنا اکلوتا بیٹا بخش دیا تا کہ جو کوئی اُس پر ایمان لائے ہلاک نہ ہو بلکہ ہمیشہ کی زندگی پائے۔**" (یوحنا 16:3) خُدا پاک ہے اور کوئی گناہگار اسکی حضوری میں داخل نہیں ہوسکتا۔ چنانچہ ہمیں اسکی بادشاہت میں داخل ہونے سے قبل اپنے گناہوں سے پاک ہونا لازمی ہے۔ یسوع مسیح نے فرمایا: "**.... اگر تم توبہ نہ کرو اور بچوں کی مانند نہ بنو تو آسمان کی بادشاہی میں ہرگز داخل نہ ہوگے۔**" (متی 3:18) پس ہمیں گناہ کی زندگی سے واپس لوٹنے اور خُدا کیلیئے زندگی گزارنے کا آغاز کرنے کی ضرورت ہے۔ ہمیں بچوں جیسے اعتقاد کی ضرورت ہے کیونکہ بچے بے حد پُر اعتقاد ہوتے ہیں۔ خُدا نے اپنے بیٹے کو بھیج کر ہمارے لئے اپنی محبت کا اظہار کر دیا ہے حالانکہ ہم نجات پانے کے مستحق نہیں ہیں: "**لیکن خُدا اپنی محبت کی خوبی ہم پر یُوں ظاہر کرتا ہے کہ جب ہم گناہگار ہی تھے تو مسیح ہماری خاطر مُوا۔**" (رومیوں 8:5)

آسمانی خُدا تک رسائی کا واحد راستہ یسوع مسیح ہے: "**کیونکہ خُدا ایک ہے اور خُدا اور انسان کے بیچ میں درمیانی بھی ایک یعنی مسیح یسوع جو انسان ہے جس نے اپنے آپ کو سب کے فدیہ میں دے دیا کہ مناسب وقتوں پر اُسکی گواہی دے۔**" (1۔ تیمتھیس 6-5:2) چنانچہ کوئی بھی ایسی انسانی جدوجہد نہیں ہے جو ہمیں نجات دے سکے یعنی ہمارے لئے اپنی نجات خریدنا قطعاً ناممکن ہے۔ پس ہم یسوع مسیح پر ایمان لانے اور خُدا کے فضل سے ہی نجات یافتہ ہوسکتے ہیں: "**کیونکہ تم کو ایمان کے وسیلہ سے فضل ہی سے نجات ملی ہے اور یہ تمہاری طرف سے نہیں بلکہ خُدا کی بخشش ہے اور نہ اعمال کے سبب سے ہے تا کہ کوئی فخر نہ کرے۔**" (افسیوں 9-8:2) نجات خُدا کی جانب سے ایک تحفہ ہے کیونکہ تحفہ

کے حصول کیلئے آپکو کوئی قیمت ادا نہیں کرنا پڑتی بلکہ آپ محض اُسے حاصل کر لیتے ہیں۔

جو کوئی یسوع کو خُداوند قبول کرے وہ نجات پائیگا۔ یسوع نے فرمایا:۔

☆ دروازہ مَیں ہوں اگر کوئی مجھ سے داخل ہو تو نجات پائیگا اور اندر باہر آیا جایا کریگا اور چارا پائیگا۔(یوحنا 9:10)

☆ کیونکہ شریعت کے اعمال سے کوئی بشر اُسکے حضور راستباز نہیں ٹھہر یگا اسلئے کہ شریعت کے وسیلہ سے تو گناہ کی پہچان ہی ہوتی ہے۔(رومیوں 20:3)

آپ محض یسوع مسیح کیلئے اپنے دروازہٗ دل کے کھولنے سے خُدا کے ساتھ رفاقت رکھنے کا اعزاز حاصل کر سکتے ہیں۔ چنانچہ جونہی آپ اُسکی بلاہٹ کا مثبت جواب دینگے آپ اپنے گناہوں سے نجات پالینگے۔"نئی پیدائش یافتہ" کیلئے مترادف لفظ "نجات یافتہ" ہے۔ ایک رات جب نیکدیمس نامی یہودیوں کا ایک سردار یسوع کے پاس آیا تو یسوع نے اُس سے کہا: **"....مَیں تجھ سے سچ کہتا ہوں کہ جب تک کوئی نئے سرے سے پیدا نہ ہو وہ خُدا کی بادشاہی کو دیکھ نہیں سکتا۔"**(یوحنا 3:3)

یہ بات نیکدیمس کی سمجھ سے بالکل باہر تھی چنانچہ اس نے جواب دیا:"آدمی جب بوڑھا ہو گیا تو کیونکہ پیدا ہو سکتا ہے؟ کیا وہ دوبارہ اپنی ماں کے پیٹ میں داخل ہو کر پیدا ہو سکتا ہے؟"اس پر یسوع نے وضاحت کی کہ جسم نہیں بلکہ روح کو نئے سرے سے پیدا ہونے کی ضرورت ہے کیونکہ ہماری روحیں گناہ کے باعث مردہ ہیں جو کہ صرف مسیح کے وسیلہ سے زندہ ہو سکتی ہیں۔ کسی چیز کو نیا بنا دینا ایک معجزہ ہے۔ مثلاً اگر کوئی کار تباہ ہو جائے تو مکینک اُسے مرمت کر سکتا ہے اور اگر کوئی کپڑا پھٹ جائے تو اُس پر پیوند لگایا جا سکتا ہے مگر تباہ شدہ انسان کو صرف خُدا ہی دوبارہ زندہ کر سکتا ہے۔ گویا آپ خُدا کے ساتھ ایک نیا آغاز کر سکتے ہیں۔ جب آپ نئی پیدائش پاتے ہیں تو بالکل ایک نیا انسان بن جاتے ہیں: **"اسلئے اگر کوئی مسیح میں ہے تو وہ نیا مخلوق ہے۔ پرانی چیزیں جاتی رہیں۔ دیکھو وہ نئی ہو گئیں۔"** **(2۔کرنتھیوں 17:5)** آپ کے ماضی کے تمام بدنما گناہ دُھل جاتے اور آپ خُدا کی نظر میں پاک بلکہ خُدا کے فرزند بن جاتے ہیں:"لیکن جتنوں نے اُسے قبول کیا اُس نے انہیں خُدا کے فرزند بننے کا حق بخشا یعنی انہیں جو اُسکے نام پر ایمان لاتے ہیں۔"(یوحنا 12:1)

صرف کلامِ خُدا ہی ہماری نجات کی ضمانت عطا کر سکتا ہے: **"کیونکہ تم فانی تخم سے نہیں بلکہ غیر فانی سے خُدا کے کلام کے وسیلہ سے جو زندہ اور قائم ہے نئے سرے سے پیدا ہوئے**

ہو۔" (1۔ پطرس 23:1) گویا یہ خُدا کے وعدوں پر ہمارا ایمان ہی ہے جو کہ دُنیا کے گناہ پر ہمیں فتح بخشتا ہے: "جسکا یہ ایمان ہے کہ یسوع ہی مسیح ہے وہ خُدا سے پیدا ہوا ہے اور جو کوئی والد سے محبت رکھتا ہے وہ اسکی اولاد سے بھی محبت رکھتا ہے..... جو کوئی خُدا سے پیدا ہوا ہے وہ دُنیا پر غالب آتا ہے اور وہ غلبہ جس سے دُنیا مغلوب ہوئی ہمارا ایمان ہے..... خُدا نے ہمیں ہمیشہ کی زندگی بخشی اور یہ زندگی اسکے بیٹے میں ہے۔ جس کے پاس بیٹا ہے اُسکے پاس زندگی ہے اور جس کے پاس خُدا کا بیٹا نہیں اسکے پاس زندگی بھی نہیں۔ مَیں نے تم کو جو خُدا کے بیٹے پر ایمان رکھتے ہو یہ باتیں اسلیئے لکھیں کہ تمہیں معلوم ہو کہ ہمیشہ کی زندگی رکھتے ہو۔" (1۔ یوحنا 1:5، 4، 11-13) اگر آپ بائبل مقدس میں مرقوم شرائط پر پورا اتریں گے تو بغیر شک وشبہات کے یہ جان سکیں گے کہ آپ نجات یافتہ ہیں: "اگر اپنے گناہوں کا اقرار کریں تو وہ ہمارے گناہوں کے معاف کرنے اور ہمیں ساری ناراستی سے پاک کرنے میں سچا اور عادل ہے۔" (1۔ یوحنا 9:1) اگر آپ نجات پانے کے خواہاں ہیں تو محض خُدا کے سامنے اپنے گناہوں کا اقرار کرنے اور یسوع مسیح کو اپنا خُداوند اور منجی قبول کرنے کے وسیلہ سے نجات پا سکتے ہیں۔ آپ کیلیئے اپنے پورے دل کے ساتھ یہ ایمان لانا بھی لازمی ہے کہ خُدا نے یسوع مسیح کو مُردوں میں سے جلایا۔ گویا قیامتِ مسیح پر ایمان لانا آپ کی نجات کی ضمانت ہے: "کہ اگر تو اپنی زبان سے یسوع کے خُداوند ہونے کا اقرار کرے اور اپنے دل سے ایمان لائے کہ خُدا نے اُسے مُردوں میں سے جلایا تو نجات پائیگا کیونکہ راستبازی کیلیئے ایمان لانا دل سے ہوتا ہے اور نجات کیلیئے اقرار منہ سے کیا جاتا ہے۔" (رومیوں 10:9-10)

نجات پانے کیلیئے دل سے یہ دُعا کریں

"پیارے آسمانی باپ! مَیں یسوع مسیح کے نام میں تیرے پاس آتا ہوں۔ مَیں تیرے ساتھ تیری بادشاہت میں سکونت کرنا چاہتا ہوں۔ میرے تمام گناہ معاف فرما۔ مَیں ایمان لاتا ہوں کہ یسوع مسیح نے میرے گناہوں کیلیئے صلیبی موت گوارا کی۔ مَیں یہ بھی ایمان لاتا ہوں کہ یسوع مُردوں میں سے جی اُٹھا۔ مَیں آج یسوع مسیح کو اپنا خُداوند اور نجات دہندہ بننے کی دعوت دیتا ہوں۔" نجات پانے کی اس دُعا کے بعد مزید کہیں: "اے باپ! مَیں تیرا شکر کرتا ہوں کہ تُو نے مجھے اپنا بیٹا بنا لیا۔ آمین!"

عزیز قاری! اگر آپ دل سے یہ دُعا کر چکے ہیں تو مَیں آپ کو مبارکباد پیش کرتا ہوں۔ اب مسیح آپ کے باطن میں سکونت کرتا ہے۔ (کلسیوں 27:1) وہ اب سے لیکر ہمیشہ تک آپ کے ساتھ ساتھ چلتا رہیگا: " ..... **مَیں تجھ سے ہرگز دست بردار نہ ہونگا اور کبھی تجھے نہ چھوڑونگا۔**" (عبرانیوں 5:13) جب کبھی آپ خود کو مشکلات میں پھنسا ہوا محسوس کریں تو یسوع آپ کے ساتھ ہوگا تاکہ بروقت آپ کی مدد کرے۔ اب آپ مسیحی ہیں اور مسیح کے پیروکار یہی سبب ہے کہ اَب آپ ابد تک خُدا کی بادشاہی میں زندگی بسر کرینگے: "**اُسی نے ہم کو تاریکی کے قبضہ سے چھڑا کر اپنے عزیز بیٹے کی بادشاہی میں داخل کیا جسو میں ہم کو مخلصی یعنی گناہوں کو معافی حاصل ہے۔**" (**کلسیوں 1:13-14**) عین اس وقت یسوع آپ کے لئے آسمان پر ایک شاہی مقام تیار کر رہا ہے: "**میرے باپ کے گھر میں بہت سے مکان ہیں۔ اگر نہ ہوتے تو مَیں تم سے کہہ دیتا کیونکہ مَیں جاتا ہوں تاکہ تمہارے لئے جگہ تیار کروں تو پھر آ کر تمہیں اپنے ساتھ لے لونگا تاکہ جہاں مَیں ہوں تم بھی ہو۔**" (یوحنا 14:2-3)

باب 5

آپ شفا پا سکتے ہیں

خُدا کی بادشاہی میں رہنے کا ایک اور فائدہ ''مافوق الفطرت شفا'' ہے۔ خُدا نہیں چاہتا کہ آپ بیمار ہوں۔ خُدا نے وعدہ کیا ہے کہ آپ الٰہی شفا میں زندگی بسر کر سکتے ہیں: ☆ ''..... مَیں خُداوند تیرا شافی ہوں۔'' (خروج 26:15) ☆ ''..... وہ تجھے تمام بیماریوں سے شفا دیتا ہے۔'' (زبور 3:103) ☆ ''اَے پیارے! مَیں یہ دُعا کرتا ہوں کہ جس طرح تُو روحانی ترقی کر رہا ہے اُس طرح سب باتوں میں ترقی کرے اور تندرست رہے۔ (3۔ یوحنا 2-3)

جب ہم نجات پاتے ہیں تو گناہ اور اسکے تمام بُرے اثرات سے آزاد ہو جاتے ہیں کیونکہ یسوع مسیح صلیب پر اسلئے مرا تا کہ اُس گناہ کے ہر کام کو تباہ کر دے جو باغِ عدن میں آدم اور حوا سے سرزد ہُوا۔ یسعیاہ نبی فرماتا ہے۔: **''تو بھی اُس نے ہماری مشقتیں اُٹھالیں اور ہمارے غموں کو برداشت کیا پر ہم نے اُسے خُدا کا مارا کُوٹا اور ستایا ہُوا سمجھا حالانکہ وہ ہماری خطاؤں کے سبب سے گھائل کیا گیا اور ہماری بدکرداری کے باعث کچلا گیا۔ ہماری ہی سلامتی کیلئے اُس پر سیاست ہوئی تا کہ اُسکے مار کھانے سے ہم شفا پائیں۔ ہم سب بھیڑوں کی مانند بھٹک گئے۔ ہم میں سے ہر ایک اپنی راہ کو پھرا پر خُداوند نے ہم سب کی بدکرداری اُس پر لادی۔'' (یسعیاہ 53:4-6)**

''شفا'' یسوع مسیح کے اُن کاموں میں سے ایک ہے جو اُس نے صلیب پر انجام دیئے: ''..... اُسی کے مار کھانے سے تُم نے شفا پائی۔'' (1۔ پطرس 24:2)۔ اُس نے ہمارے درد برداشت کیئے تا کہ ہمیں اُن سے چھٹکارا مل سکے۔ گویا یسوع مسیح پہلے ہی ہر وہ کام مکمل کر چکا ہے جو ہماری شفا کیلئے لازمی تھا۔ پس آپکو محض اُسکی شفا کو وصول کرنا ہوگا۔ یسوع مسیح نے اپنی زمینی خدمت کے دوران ہر طرح کے بیمار کو شفا بخشی: **''جب شام ہوئی تو اُسکے پاس بہت سے لوگوں کو لائے جن میں بدروحیں تھیں۔ اُس نے اُن روحوں کو زبان ہی سے کہکر نکال دیا اور سب بیماروں کو اچھا کر دیا تا کہ جو یسعیاہ نبی کی معرفت کہا گیا تھا وہ پُورا ہو کہ اُس نے آپ ہماری کمزوریاں لے لیں اور بیماریاں اٹھالیں'' (متی 8:16-17)**

ایک دِن یائرنامی ایک مذہبی راہنما نے یسوع کے قدموں میں ِگر کر اُس سے منت کی کہ وہ اُسکے گھر جا کر اُسکی بیٹی کو جو بسترِ مرگ پر پڑی تھی شفا بخشے: ''...... میری چھوٹی بیٹی مرنے کو ہے۔ تُو آکر اپنے ہاتھ اُس پر رکھ تاکہ وہ اچھی ہو جائے اور زندہ رہے۔'' (مرقس 5:21-23) یائرؔ کو اپنی بیٹی سے بے حد محبت تھی اور اسکا ایمان تھا کہ یسوع ہی اُسے شفا دے سکتا ہے۔ جب یسوع یائرؔ کے گھر کی جانب روانہ ہُوا تو بہت سے لوگ اسکے پیچھے ہو لیئے۔ اِس بڑی بھیڑ میں ایک ایسی عورت بھی تھی جسکے بارہ برس سے خون جاری تھا۔ وہ اپنے علاج معالجہ کیلئے ایک بڑی رقم حکیموں کو دے چکی تھی مگر اپنا سب مال خرچ کر دینے کے باوجود تندرست نہ ہو سکی تھی۔ پس اُسکی آخری اُمید یسوع تھا۔ وہ کہتی تھی: ''اگر مَیں صرف اسکی پوشاک ہی چُھو لونگی تو اچھی ہو جاؤنگی۔'' وہ ہجوم کو دھکیلتے ہوئے یسوع کے قریب پہنچ گئی اور اُسکی پوشاک کو چُھو لیا چنانچہ فی الفور اُسکا خون بہنا بند ہو گیا۔

جب یسوع نے محسوس کیا کہ اُس میں سے ایک شفا بخش قوت نکلی ہے تو اُس نے پوچھا: ''کس نے مجھے چُھوا؟'' کیونکہ اُسے کسی نے ایمان کے ساتھ چُھوا ہے۔ پس وہ عورت جو شفا پا چکی تھی آگے آئی اور سارا حال سچ سچ اُسے کہہ دیا۔ جس پر یسوع نے اُس سے کہا: ''....بیٹی تیرے ایمان سے تجھے شفا ملی۔ سلامت جا اور اپنی اس بیماری سے بچی رہ۔'' یسوع یہ کہہ ہی رہا تھا کہ یائرؔ کے ہاں سے کسی نے آکر بتایا کہ اُسکی بیٹی مر گئی ہے۔ یسوع نے ان کی بات سُنی اور یائرؔ سے کہا: ''خوف نہ کر فقط اعتقاد رکھ۔'' جب یسوع یائرؔ کے ہاں پہنچا تو رونے والوں سے کہا: ''تم کیوں غُل مچاتے اور روتے ہو؟ لڑکی مر نہیں گئی بلکہ سوتی ہے۔'' پھر یسوع اپنے ساتھیوں کو لیکر جہاں لڑکی پڑی تھی اندر گیا اور لڑکی کا ہاتھ پکڑ کر اُس سے کہا: ''اے لڑکی مَیں تجھ سے کہتا ہوں اُٹھ! وہ لڑکی فوراً اٹھ کر چلنے پھرنے لگی۔ تمام لوگ یسوع کی شفا بخش قوت کو دیکھکر ششدر رہ گئے۔

''یسوع مسیح کل اور آج بلکہ ابد تک یکساں ہے۔'' (عبرانیوں 13:8) اگر یسوع دو ہزار سال قبل لوگوں کو شفا دیتا تھا تو وہ آج آپکو بھی شفا بخشے گا۔ بشرطیکہ آپ ایمان کیساتھ اُسکے پاس آئیں

اگر تم میں کوئی بیمار ہو تو کلیسیا کے بزرگوں کو بُلائے اور وہ خُداوند کے نام سے اُسکو تیل مل کر اُس کیلئے دُعا کریں۔ جو دُعا ایمان کے ساتھ ہو گی اُسکے باعث بیمار بچ جائیگا اور خُداوند اُسے اٹھا کھڑا کریگا اور اگر اُس نے گناہ کیے ہوں تو اُنکی بھی معافی ہو جائیگی۔'' (یعقوب 5:14-16)

باب 6

آپ خُدا پر ایمان رکھ سکتے ہیں

"یسوع نے جواب میں اُن سے کہا خُدا پر ایمان رکھو۔ مَیں تم سے سچ کہتا ہوں کہ جو کوئی اس پہاڑ سے کہے تُو اُکھڑ جا اور سمندر میں جا پڑ اور اپنے دِل میں شک نہ کرے بلکہ یقین کرے کہ جو کہتا ہے وہ ہو جائیگا تو اُس کیلئے وہی ہوگا۔ اسلئے مَیں تُم سے کہتا ہوں کہ جو کچھ تُم دُعا میں مانگتے ہو یقین کرو کہ تم کو مل گیا اور وہ تم کو مل جائیگا۔" (مرقس 11:22-24)

ایمان خُدا کی بادشاہت کا "سِکہ رائج الوقت" ہے۔ اِن آیات کے مطابق آپ ہر وہ چیز حاصل کر سکتے ہیں جس کیلئے ایمان کے ساتھ خُدا سے التجا کریں۔ آخر یہ ایمان ہے کیا چیز؟ ایمان خُدا پر اُس وقت بھروسہ کرنا ہے جب بھروسہ کرنے کا کوئی جواز موجود نہ ہو۔ ایمان مصائب کے درمیان گھِرے ہونے کے باوجود خُداوند پر انحصار کرنا ہے۔ ایمان خُدا کے وعدوں پر یقین کرنا ہے۔ ایمان نادیدنی اشیاء کو دیکھ لینا اور ناممکن کے ممکن ہونے کی یقین دھانی ہے۔ ایمان اس بات کی قائلیت ہے کہ حالات خواہ کیسے بھی کیوں نہ ہوں خُدا اپنے وعدوں کو پورا کریگا۔ ایمان کی آنکھ شک وشبہات کے پردوں کے دوسری جانب دیکھ کر بتا دیتی ہے کہ خُدا آپ کی فکر کرتا ہے۔ ایمان مشکلات پر یقین رکھنے کی بجائے خُدا پر توکل کرنا ہے۔

"اَب ایمان اُمید کی ہوئی چیزوں کا اعتماد اور اندیکھی چیزوں کا ثبوت ہے۔" (عبرانیوں 11:1) حال ہی میں مَیں نے جہاز کا ایک ٹکٹ خریدا اور بوقتِ خریداری اُس جہاز کے دیکھنے کا مطالبہ نہ کیا جس پر بیٹھ کر مجھے سفر کرنا تھا۔ مجھے یقین تھا کہ جب میں وقتِ مقررہ پر ائیر پورٹ پہنچونگا تو میری منزلِ مقصود تک پہنچانے والا جہاز وہاں موجود ہوگا۔ گویا جہاز کا ٹکٹ ائیر لائن کے وعدوں کی نمائندگی کرتا ہے بعین ہی ایمان ٹکٹ کی مانند ہے۔ ایمان وہ عنصر ہے جو اس بات کی یقین دھانی ہے کہ خُدا کا وعدہ ہر حال میں پُورا ہوگا۔ چنانچہ "ہم ایمان پر چلتے ہیں نہ کہ آنکھوں دیکھے پر" (2۔کرنتھیوں 5:7) ایمان جائیداد خریدنے کی رجسٹری کی مانند ہے۔ جب جائیداد کی

رجسٹری آپکے نام پر تیار ہو جائے تو وہ جائیداد آپکی ہو جاتی ہے چنانچہ آپ بغیر کسی یقین دھانی کے کہہ سکتے ہیں: "میں فلاں زمین خرید چکا ہوں۔" حالانکہ شائد آپ نے وہ قطعۂ زمین دیکھا بھی نہ ہو۔

آخر اس ایمان کا ماخذ کا کیا ہے؟ یسوع نہ صرف ہمارے ایمان کا بانی بلکہ اُسے کامل کرنے والا بھی ہے۔ (عبرانیوں 2:12) وہی ہمارے ایمان کا سرچشمہ اور ہمارے ایمان کی ضمانت ہے: **"پس ایمان سننے سے پیدا ہوتا ہے اور سننا مسیح کے کلام سے۔" (رومیوں 10:17)** ایمان اُس وقت شعلہ زن ہوتا ہے جب ہم کلامِ خُدا کو سنتے ہیں۔ خُدا پہلے ہی ہر ایماندار کو اندازہ کے موافق ایمان تقسیم کر چکا ہے۔ (رومیوں 12:3) لیکن ہم کلامِ خُدا کو جس قدر زیادہ سنتے ہیں اُسی قدر ایمان بھی زیادہ ہوتا جاتا ہے۔ ہمیں بہرصورت ایمان کی ضرورت ہے۔ بائبل نے بارہا اس بات کا اعادہ کیا ہے: **"راستباز ایمان سے جیتا رہیگا۔"** (حبقوق 2 : 4، رومیوں 1 : 17، گلتیوں 3 : 11، عبرانیوں 10:38) پس راستبازوں کو ایمان ہی سے زندگی گزارنا چاہیئے کیونکہ "..... **بغیر ایمان کے اُسکو پسند آنا ناممکن ہے اسلیئے کہ خُدا کے پاس آنیوالے کو ایمان لانا چاہیئے کہ وہ موجود ہے اور اپنے طالبوں کو بدلہ دیتا ہے۔" (عبرانیوں 11:6)**

خُدا ہمیشہ ایمان کے ردِعمل میں جنبش کرتا ہے اور کسی شخص کا نہیں بلکہ ایمان کا طرف دار ہے۔ کفرنحوم کے ایک صوبیدار نے یسوع سے یہ درخواست کی تھی: "..... صرف زبان سے کہہ ہی دے تو میرا نوکر شفا پائیگا۔" یسوع اُسکے ایمان کی تہہ تک پہنچ گیا اور اُس سے کہا: "..... جا جیسا تُو نے اعتقاد کیا تیرے لئے ویسا ہی ہو۔" (متی 8:5-13) اُسی گھڑی صوبیدار کا نوکر شفا پا گیا۔ جس طرح یسوع نے اس مایوس شخص کے ایمان کا جواب دیا اُسی طرح قدرتِ الٰہی آپ کے نقطۂ ایمان پر آپ سے میلاپ کریگی اور خُدا آپکے ایمان کے جواب میں آسمان اور زمین کو جنبش دیگا لیکن اگر آپ اپنے ایمان کو بُروئے کار نہیں لائینگے تو آپ کا ایمان بھی ساکن رہیگا۔ ایمان ایک عضلہ کی مانند ہے یعنی جتنا زیادہ آپ اسے استعمال کرینگے اُتنا ہی اُسکی نشوونما میں اضافہ ہوگا۔ اگر آپ عملی قدم نہیں اٹھائینگے تو ایمان بھی جاتا رہیگا: **" اسی طرح ایمان بھی اگر اُسکے ساتھ اعمال نہ ہوں تو اپنی ذات سے مُردہ ہے۔" (یعقوب 2:17)** جی ہاں، عملی قدم اُٹھانے کے بغیر ایمان بے حرکت ہے۔ بے عمل ایمان اور باعمل ایمان دونوں ایک دوسرے کی ضد ہیں۔ حتیٰ کہ بے عمل ایمان کو ایمان کہنا ہی بیجا ہے۔ لوقا فرماتا ہے کہ جب چار شخص اپنے مفلوج دوست کو کندھوں پر اُٹھا کر یسوع کے پاس لائے تو یسوع نے

ان کے ایمان پر نظر کی۔ بالفاظِ دیگر اُس نے ان کے اُس طبعی عمل کو دیکھا جس سے انکے ایمان کا اظہار ہوتا تھا۔ وہ اپنے ایمان کو بُروئے کار لائے جس پر یسوع نے انکی طرف توجہ دی۔ (لوقا 5:17-26)

ایمان کو عمل میں لانا بے حد اہمیت کا حامل ہے۔ آپ کو چاہیئے کہ ایمان کو عمل لاتے ہُوئے اپنے جسم کے اپاہج عضو کو اس طور پر حرکت دیں جس طور پر وہ اس سے پہلے حرکت کرنے سے قاصر تھا۔ اگر کسی شخص کا بازو فالج زدہ ہو تو اُسے چاہیئے کہ اُسے حرکت دینے کی کوشش کرے۔ اگر کوئی شخص چلنے سے قاصر ہو تو وہ کھڑا ہو کر چلنے کی کوشش کرے اور اگر کوئی شخص کسی ''رَسوَلی'' کے باعث دُکھ اُٹھا رہا ہو تو وہ اپنا ہاتھ رَسوَلی پر رکھ کر دُعا کرنا شروع کرے۔

قارئین! اگر آپ اسی وقت یسوع مسیح کے پاس آئیں اور اپنے ایمان کو حرکت دیں تو خُداوند یسوع مسیح فوراً آپ پر نظر کریگا اور آپ کو شفا بخشے گا۔

باب 7

آپ رُوح القدس سے معمور ہو سکتے ہیں

روح القدس تثلیث کا تیسرا اقنوم ہے۔ خُدا باپ، خُدا بیٹا اور خُدا روح القدس تین واضح شخصیات ہونے کے باوجود ایک ہیں۔ رُوح القدس تخلیقِ کائنات سے پیشتر خُدائیت کا اہم رُکن ہے۔ **"اور زمین ویران اور سنسان تھی اور گہراؤ کے اوپر اندھیرا تھا اور خُدا کی رُوح پانی کی سطح پر جنبش کرتی تھی۔"** (**پیدائش 2:1**) فی زمانہ خُدا اور انسان کا درمیانی رُوح القدس ہے۔ یسوع مسیح نے قریباً تیس سال تک اِس زمین پر خدمت کی لیکن جب وہ آسمان پر چلا گیا تو روح القدس کی خدمت کا آغاز ہو گیا۔ یوحنا اصطباغی نے روح القدس کی بابت پیشنگوئی کرتے ہوئے فرمایا: **"میَں تو تم کو توبہ کیلئے پانی سے بپتسمہ دیتا ہوں لیکن جو میرے بعد آتا ہے وہ مجھ سے زور آور ہے۔ میَں اُسکی جوتیاں اُٹھانے کے لائق نہیں۔ وہ تم کو رُوح القدس اور آگ سے بپتسمہ دیگا۔"** (**متی 11:3**) یسوع نے اپنے شاگردوں سے وعدہ کیا کہ وہ روح القدس کو بھیجے گا تا کہ ہمیشہ ان کے ساتھ رہے: **"اور میَں باپ سے درخواست کرونگا تو وہ تمہیں دوسرا مددگار بخشیگا کہ ابد تک تمہارے ساتھ رہے یعنی روحِ حق جسے دنیا حاصل نہیں کر سکتی کیونکہ نہ اُسے دیکھتی ہے اور نہ جانتی ہے۔ تم اُسے جانتے ہو کیونکہ وہ تمہارے ساتھ رہتا ہے اور تمہارے اندر ہوگا۔"** (**یوحنا 14:16-17**) رُوح القدس اُن سب کیلئے زندہ پانی کا سرچشمہ ہے جو اُس کیلئے پیاس رکھتے ہیں۔ یسوع نے فرمایا: **"اگر کوئی پیاسا ہو تو میرے پاس آکر پیئے۔ جو مجھ پر ایمان لائیگا اسکے اندر سے جیسا کہ کتابِ مقدس میں آیا ہے زندگی کے پانی کی ندیاں جاری ہونگی۔ اُس نے یہ بات اُس رُوح کی بابت کہی جسے وہ پانے کو تھے جو اُس پر ایمان لائے کیونکہ رُوح اب تک نازل نہ ہُوا تھا۔"** (**یوحنا 7:37-39**)

یسوع کے آسمان پر جانے سے قبل

☆ "اور اُن سے ملکر اُن کو حکم دیا کہ یروشلیم سے باہر نہ جاؤ بلکہ باپ کے اُس وعدہ کے پورا ہونے کے منتظر رہو جسکا ذکر تم مجھ سے سُن چکے ہو کیونکہ یوحنا نے تو پانی سے بپتسمہ دیا مگر تم تھوڑے دنوں کے بعد رُوح القدس سے بپتسمہ پاؤ گے۔" (**اعمال 1:4-5**)

☆ "دیکھو جسکا میرے باپ نے وعدہ کیا ہے میَں اُسکو تم پر نازل کرونگا لیکن جب تک عالمِ بالا سے تُم کو قوت کا لباس نہ ملے یروشلیم میَں ٹھہرے رہو۔" (**لوقا 24:49**)

ایک سوبیس شاگردیسوع کے حکم کی تعمیل میں روح القدس کے حاصل کرنے کیلئے یروشلیم کے ایک بالا خانہ میں دُعا کیلئے ٹھہر گئے: "جب عیدِ پنتکُست کا دن آیا تو وہ سب ایک جگہ جمع تھے کہ یکا یک آسمان سے ایسی آواز آئی جیسے زور کی آندھی کا سناٹا ہوتا ہے اور اُس سے سارا گھر جہاں وہ بیٹھے تھے گونج گیا اور انہیں آگ کے شعلہ کی سی پھٹتی ہوئی زبانیں دکھائیں دیں اور اُن میں سے ہر ایک پر آٹھہریں اور وہ سب رُوح القدس سے بھر گئے اور غیر زبانیں بولنے لگے جس طرح روح نے انہیں بولنے کی طاقت بخشی۔" (اعمال 2:1-4)

رُوح القدس کے عظیم نزول سے یوایل نبی کی یہ پیشین گوئی مکمل ہوئی: "اور اسکے بعد مَیں ہر فردِ بشر پر اپنی رُوح نازل کرونگا اور تمہارے بیٹے اور بیٹیاں نبوت کرینگے تمہارے بوڑھے خواب اور جوان رویا دیکھینگے بلکہ مَیں ان ایام میں غلاموں اور لونڈیوں پر اپنی رُوح نازل کرونگا۔" (یوایل 2:24-28) پنتِکُست کے دِن رُوح القدس کی بخشش ہر انسان کیلئے تھی یعنی بوڑھے اور جوان، مرد اور عورت، باپ اور بیٹے سب رُوح القدس سے معمور ہو گئے۔ اور پھر پطرس نے فوری طور پر منادی کرنا شروع کیا جسکے ردِعمل میں تین ہزار لوگ نجات پا گئے۔ (اعمال 2:41) رُوح القدس نے کلیسیاء میں اِس قدرت کے ساتھ کام کیا کہ جلد ہی ایمانداروں کی تعداد پانچ ہزار تک پہنچ گئی۔ (اعمال 4:4, 47:12)

رُوح القدس کیا کام کرتا ہے

رُوح القدس مشکلات میں ہمارا مددگار اور آرام پہنچانے والا ہے۔ وہ ہمارا استاد، ہمارا وکیل، ہمارا اصلاحکار اور ہمارا دوست ہے۔ اِسکے علاوہ رُوح القدس حسبِ ذیل کام کرتا ہے:۔

(1) کوئی شخص رُوح القدس کی قائلیت کے بغیر نجات نہیں پا سکتا: "....اور نہ کوئی رُوح القدس کے بغیر کہہ سکتا ہے کہ یسوع خُداوند ہے۔" (1۔کرنتھیوں 3:12) یہ رُوح القدس کا کام ہی ہے کہ آج ہم نجات یافتہ ہیں: "تو اُس نے ہم کو نجات دی..... رُوح القدس کے ہم کو نیا بنانے کے وسیلہ ہے۔" (ططس 5:3)۔رُوح القدس ہی ہمیں نجات کا یقین دلاتا ہے: "رُوح خود ہماری رُوح کے ساتھ ملکر گواہی دیتا ہے کہ ہم خُدا کے فرزند ہیں۔" (رومیوں 16:8)

(2) رُوح القدس ہمیں دوسروں کو خُدا کا پیغام پہنچانے کیلئے دلیری عطا کرتا ہے: "لیکن جب

رُوح القدس تم پر نازل ہوگا تو تم قوت پاؤ گے اور یروشلیم اور تمام یہودیہ اور سامریہ میں بلکہ زمین کی انتہا تک میرے گواہ ہوگے۔" (اعمال 8:1)

(3) رُوح القدس ہمارے دلوں میں گواہی دیتا ہے کہ یسوع کون ہے۔ "لیکن جب وہ مددگار آئیگا جس کو مَیں تمہارے پاس باپ کی طرف سے بھیجونگا یعنی رُوحِ حق جو باپ سے صادر ہوتا ہے تو وہ میری گواہی دیگا۔" (یوحنا 26:15)

(4) رُوح القدس تمام سچائی سے متعلق ایمانداروں کی راہنمائی کرتا ہے۔ اگرچہ سچائی کیلئے ہمارا لازمی معیار کلامِ خُدا ہے لیکن یہ رُوح القدس ہی ہے جو ہمارے دلوں میں کلامِ خُدا کی سچائیوں کو ظاہر کرتا اور ہماری توجہ اُن آیات کی جانب مبذول کرتا ہے جو کہ ہماری موجودہ ضروریات سے متعلق ہمکلام ہوتی ہیں: "لیکن جب وہ یعنی رُوحِ حق آئیگا تو تم کو تمام سچائی کی راہ دکھائیگا اسلئے کہ وہ اپنی طرف سے نہ کہیگا لیکن جو کچھ سنیگا وہی کہیگا اور تمہیں آئندہ کی خبریں دیگا۔ وہ میرا جلال ظاہر کریگا اسلئے کہ مجھ ہی سے حاصل کرکے تمہیں خبریں دیگا۔" (یوحنا 16:13-14)

(5) رُوح القدس مافوق الفطرت نعمتیں عطا کرتا ہے: "لیکن ہر شخص میں رُوح کا ظہور فائدہ پہنچانے کیلئے ہوتا ہے کیونکہ ایک کو اُسی رُوح کے وسیلہ سے حکمت کا کلام عنایت ہوتا ہے اور دوسرے کو اُسی رُوح کی مرضی کے موافق علمیت کا کلام۔ کسی کو اُس رُوح سے ایمان اور کسی کو اُسی ایک رُوح سے شفا دینے کی توفیق کسی کو معجزوں کی قدرت۔ کسی کو نبوّت۔ کسی کو روحوں کا امتیاز۔ کسی کو طرح طرح کی زبانیں۔ کسی کو زبانوں کا ترجمہ کرنا لیکن یہ سب تاثیریں وہی ایک روح کرتا ہے اور جس کو جو چاہتا ہے بانٹتا ہے۔" (1۔کرنتھیوں 12:7-11)

رُوح القدس مقدسین کی بڑھوتی کیلئے کئی طرح کی نعمتیں عنایت کرتا ہے تاہم کوئی ایک شخص تمام نعمتوں کا حامل نہیں ہوتا۔ رُوح القدس کلیسیا کی ضرورت کے مطابق نعمتوں کے ظہور کی اجازت دیتا ہے: **"اُسی طرح ہم بھی جو بہت سے ہیں مسیح میں شامل ہو کر ایک بدن ہیں اور آپس میں ایک دوسرے کے اعضا اور چونکہ اُس توفیق کے موافق جو ہم کو دی گئی ہم کو طرح طرح کی نعمتیں ملیں اسلئے جسکو نبوت ملی ہو وہ ایمان کے اندازہ کے موافق نبوت کرے۔ اگر خدمت ملی ہو تو خدمت میں لگا رہے اگر کوئی معلّم ہو تو تعلیم میں مشغول رہے اور اگر ناصح ہو تو نصیحت میں۔ خیرات بانٹنے والا سخاوت سے بانٹے۔ پیشوا سرگرمی سے پیشوائی کرے۔ رحم کرنے والا خوشی سے رحم کرے۔" (رومیوں 12:5-8)**

کلیسیا کے ہر رُکن کو رُوح القدس کی مرضی کے موافق استعمال ہونے کیلئے تیار رہنا چاہیئے۔ (1۔ کرنتھیوں 32:14) یاد رکھیں کہ کلیسیا میں ہر کام شائستگی اور قرینہ کے ساتھ ہونا چاہیئے۔ (1۔ کرنتھیوں 40:14)

رُوح القدس سے معمور ہوتے جاؤ

خُدا چاہتا ہے کہ ہر شخص رُوح القدس سے معمور ہو: **"اس سبب سے نادان نہ بنو بلکہ خُداوند کی مرضی کو سمجھو کہ کیا ہے اور..... رُوح سے معمور ہوتے جاؤ۔" (افسیوں 5:17-18)** آپکو مکمل اعتماد کے ساتھ خُدا سے درخواست کرنا چاہیئے کہ وہ آپ کو رُوح القدس سے معمور کرے اور پھر رُوح القدس کی نعمتوں کیلئے بھی آرزومند رہیں کیونکہ آپ کیلئے خُدا کی یہی مرضی ہے: **"اور ہمیں جو اُسکے سامنے دلیری ہے اُسکا سبب یہ ہے کہ اگر اُسکی مرضی کے موافق کچھ مانگتے ہیں تو وہ ہماری سنتا ہے اور جب ہم جانتے ہیں کہ وہ ہماری سنتا ہے تو یہ بھی جانتے ہیں کہ جو کچھ ہم نے اُس سے مانگا ہے وہ پایا ہے۔" (1۔ یوحنا 5:14-15)** ہمیں چاہیئے کہ رُوح القدس کے حاصل کرنے کیلئے خُدا سے خصوصی دُعا کریں: **"پس مَیں تم سے کہتا ہوں مانگو تو تمہیں دیا جائیگا۔ ڈھونڈو تو پاؤ گے۔ دروازہ کھٹکھٹاؤ تو تمہارے واسطے کھولا جائیگا کیونکہ جو کوئی مانگتا ہے اُسے ملتا ہے اور جو ڈھونڈتا ہے وہ پاتا ہے اور جو کھٹکھٹاتا ہے اسکے واسطے کھولا جائیگا۔ تم میں ایسا کونسا باپ ہے کہ جب اسکا بیٹا روٹی مانگے تو اُسے پتھر دے؟ یا اگر مچھلی مانگے تو مچھلی کے بدلے اُسے سانپ دے؟ یا انڈا مانگے تو اُسکو بچھو دے؟ پس جب تم بُرے ہو کر اپنے بچوں کو اچھی چیزیں دینا جانتے ہو تو آسمانی باپ اپنے مانگنے والے کو رُوح القدس کیوں نہ دیگا؟" (لوقا 11:9-13)** گویا رُوح القدس آپ میں زبردستی سکونت نہیں کرتا بلکہ چاہتا ہے کہ آپ اُسے خود میں سکونت کرنے کی دعوت دیں۔

آپ کسی شخص کو کس طرح پہچان سکیں گے کہ وہ رُوح سے معمور ہے؟ یسوع مسیح نے اس سوال کا جواب اسطرح دیا ہے: "پس اُنکے پھلوں سے تم اُن کو پہچان لوگے۔" (متی 20:7) اب سوال پیدا ہوتا ہے کہ روح القدس کے پھل کیا ہیں؟ **"مگر رُوح کا پھل محبت، خوشی اطمینان، تحمل، مہربانی، نیکی، ایمانداری حِلم، پرہیزگاری ہے۔ ایسے کاموں کی کوئی شریعت مخالف نہیں۔" (گلتیوں 5:22-23)** مجھے یقین ہے کہ اگر آپ کسی ایسے شخص سے ملیں جس کی زندگی سے یہ تمام پھل

نظر آتے ہوں تو سمجھ جائیں کہ آپ ایک ایسے شخص سے ملے ہیں جو رُوح القدس سے معمور ہے۔

آپ رُوحانی زبان میں دُعا کر سکتے ہیں

رُوح القدس اُس خاص زبان میں آپکی طرف سے خُدا سے دُعا کرتا ہے جسے صرف خُدا سمجھ سکتا ہے۔ آپ اس نئی زبان میں دُعا کر سکتے ہیں بشرطیکہ آپ اپنا منہ کھولکر رُوح القدس کو اپنے صوتی اعضا کے استعمال کرنے کی اجازت دیں۔ یسوع نے وعدہ کیا ہے: ''اور ایمان لانے والوں کے درمیان یہ معجزے ہونگے.... نئی نئی زبانیں بولیں گے۔'' (مرقس 16:17) یسعیاہ نبی نے نبوت کی ہے کہ یہ نئی زبان تھکے ماندوں کو تازگی پہنچائیگی: **''لیکن وہ بیگانوں لبوں اور اجنبی زبان سے اِن لوگوں سے کلام کریگا جنکو اُس نے فرمایا یہ آرام ہے، تم تھکے ماندے کو آرام دو اور یہ تازگی ہے.....''** **(یسعیاہ 28:11-12)** یوحنا کہتا ہے کہ یہ ایک ایسا چشمہ ہے جو ہمیشہ کی زندگی کیلئے جاری رہیگا (یوحنا 4:14) عیدِ پنتکُست کے دن جب ایک سو بیس شاگرد روح القدس سے بھر گئے تو غیر زبانیں بولنے لگے۔ (اعمال 2:4)۔ جب رُوح القدس نازل ہُوا تو کرنیلیُس اور اسکے گھرانہ کے تمام لوگ غیر زبانیں بولنے لگے۔ (اعمال 10:44-48) جب پولُس نے افسُس کے ایمانداروں پر ہاتھ رکھے تو رُوح القدس اُن پر آٹھہرا اور انہوں نے غیر زبانوں میں خُداوند کی تمجید کی۔ (اعمال 19:6) جب حننیاہ نے پولُس پر اپنے ہاتھ رکھے تو وہ روح القدس سے بھر گیا۔ (اعمال 9:17) بعدازیں اُس نے کرنتھُس کی کلیسیا سے کہا: ''مَیں خُدا کا شکر کرتا ہوں کہ تم سب سے زیادہ زبانیں بولتا ہوں۔'' (1۔ کرنتھیوں 14 : 18) پولُس کہتا ہے کہ زبانیں بولنے والا ایماندار اپنی ترقی کرتا ہے۔ (1۔ کرنتھیوں 14:4) اُس نے کرنتھُس کی کلیسیا کو خصوصاً یہ حکم دیا تھا: **''....زبانیں بولنے سے منع نہ کرو۔'' (1۔ کرنتھیوں 14:39)** جسطرح مشق کرنے سے آپکے عضلات مضبوط ہوتے ہیں اُسی طرح رُوح میں دُعا کرنے سے آپکی رُوح ترقی کرتی ہے۔ یہوداہ لکھتا ہے: **''مگر تم اَے پیارو! اپنے پاک ترین ایمان میں ترقی کر کے اور روح القدس میں .... منتظر رہو'' (یہوداہ 1:20-21)**

باب 8

آپ کثرت کی زندگی گزار سکتے ہیں

خُدا کے پاس آپ کی زندگی کیلئے ایک عظیم منصوبہ موجود ہے۔آپ کی پیدائش حادثاتی طور پر یا اتفاقاً نہیں ہوگئی تھی بلکہ آپ بنائ عالم سے پیشتر خدا کے ارادہ میں موجود تھے۔آپ سوچ بھی نہیں سکتے کہ اُس نے اپنے محبت کرنے والوں کیلئے کون کونسی برکات کا وعدہ کرر کھا ہے:۔

☆ چنانچہ اُس نے ہم کو بنائ عالم سے پیشتر اُس میں چُن لیا تا کہ ہم اس کے نزدیک محبت میں پاک اور بے عیب ہوں۔(افسیوں 4:1)

☆ کیونکہ مَیں تمہارے حق میں اپنے خیالات کو جانتا ہوں خُداوند فرماتا ہے یعنی سلامتی کے خیالات۔ برائی کے نہیں تا کہ مَیں تم کو نیک انجام کی اُمید بخشوں۔(یرمیاہ 11:29)

☆ "....جو چیزیں نہ آنکھوں نے دیکھیں نہ کانوں نے سنیں نہ آدمی کے دِل میں آئیں وہ سب خُدا نے اپنے محبت رکھنے والوں کیلئے تیار کردیں۔"(1۔کرنتھیوں 9:2)

آپکو خوف میں زندگی گزارنے کی ضرورت نہیں کیونکہ آپ کو جن سختیوں اور بدحالی کا سامنا ہے ان سے کہیں بڑھکر خُدا کے پاس آپ کیلئے قوت موجود ہے: **"کیا مَیں نے تجھ کو حکم نہیں دیا؟ سو مضبوط ہو جا اور حوصلہ رکھ، خوف نہ کھا اور بیدل نہ ہو کیونکہ خُداوند تیرا خُدا جہاں جہاں تُو جائے تیرے ساتھ رہیگا۔"(یشوع 9:1)**

خُدا پر بھروسہ رکھنے سے آپ کے خوف کا خاتمہ ہو جائیگا: **"کیونکہ خُدا نے ہمیں دہشت کی رُوح نہیں بلکہ قدرت اور محبت اور تربیت کی رُوح دی ہے۔"(2۔تیمتھیس 7:1)**

آپ کو پریشان رہنے کی ضرورت نہیں: **"اسلئے مَیں تم سے کہتا ہوں کہ اپنی جان کی فکر نہ کرنا کہ ہم کیا کھائینگے یا کیا پیئینگے؟ اور نہ اپنے بدن کی کہ کیا پہنیں گے۔ کیا جان خوراک سے اور بدن پوشاک سے بڑھکر نہیں؟..... بلکہ پہلے تم اُسکی بادشاہی اور اسکی راستبازی کی تلاش کرو تو یہ سب چیزیں بھی تم کو مل جائینگی۔"(متی 33,25:6)**

اگر آپ اپنے آسمانی باپ سے محبت کرینگے تو وہ آپ کی تمام زمینی ضروریات پوری کریگا۔ چنانچہ آپ گناہ، بیماری، غربت اور شیطان کے ہر بُرے کام پر فتح یاب زندگی بسر کرسکیں گے: **"جو کوئی خُدا سے پیدا ہُوا ہے وہ دنیا پر غالب آتا ہے اور وہ غلبہ جس سے دُنیا مغلوب ہوئی ہمارا ایمان ہے۔ دُنیا کا مغلوب کرنیوالا کون ہے سوا اُس شخص کے جسکا یہ ایمان ہے کہ یسوع خُدا کا بیٹا ہے؟" (1۔یوحنا 5:4-5)**

صلیب پر حاصل کردہ فتح ہر ایماندار کیلئے ہے اور زندگی کے حالات پر فتح آپ کیلئے خُدا کا تحفہ ہے: **"مگر خُدا کا شُکر ہے جو ہمارے خُداوند یسوع مسیح کے وسیلہ سے ہم کو فتح بخشتا ہے۔" (1۔کرنتھیوں 15:57)**

آپکو مسائل، رکاوٹوں اور دشمنوں پر فتح سے بڑھکر غلبہ حاصل ہے: "مگر اُن سب حالتوں میں اُسکے وسیلہ سے جس نے ہم سے محبت کی ہم کو فتح سے بڑھکر غلبہ حاصل ہوتا ہے۔" (رومیوں 8:37) آپکا غالب آنا آپکی اپنی قوت یا صلاحیت کا نتیجہ نہیں بلکہ یسوع مسیح کی اُس قوت کا نتیجہ ہے جو ہمارے باطن میں رکھی گئی ہے: "اور جو مجھے طاقت بخشتا ہے اس میں مَیں سب کچھ کرسکتا ہوں۔" (فلپیوں 4:13) خُدا کی جو بادشاہی آپ کے اندر موجود ہے وہ آپ کے اردگرد پائی جانے والی تاریکی کی بادشاہت سے بہت زیادہ طاقتور ہے: "اَے بچو! تم خُدا سے ہو اور اُن پر غالب آگئے ہو کیونکہ جو تم میں ہے وہ اُس سے بڑا ہے جو دُنیا میں ہے۔" (1۔یوحنا 4:4) خُدا نے آپ کو ابلیس کے ساتھ جنگ لڑنے کیلئے طاقتور ہتھیار دے رکھے ہیں:۔

> **اس واسطے تم خُدا کے سب ہتھیار باندھ لو تا کہ بُرے دن میں مقابلہ کرسکو۔ پس سچائی سے اپنی کمر کس کر اور راستبازی کا بکتر لگا کر اور پاؤں میں صُلح کی خوشخبری کی تیاری کے جوتے پہن کر اور اُن سب کیساتھ ایمان کی سپر لگا کر قائم رہو جس سے تم اُس شریر کے سب جلتے ہوئے تیروں کو بُجھا سکو اور نجات کا خود اور رُوح کی تلوار جو خُدا کا کلام ہے لے لو اور ہر وقت اور ہر طرح سے رُوح میں دُعا اور منت کرتے رہو اور اسی غرض سے جاگتے رہو کے سب مقدسوں کے واسطے بلا ناغہ دُعا کیا کرو۔" (افسیوں 6:13-18)**

یہ ہتھیار آپ کو ابلیس کے منصوبوں کے خلاف دفاع کرنے کیلئے دیئے گئے ہیں۔

"اسلئے کہ ہماری لڑائی کے ہتھیار جسمانی نہیں بلکہ خُدا کے نزدیک قلعوں کو ڈھا دینے کے قابل ہیں۔ چنانچہ ہم تصّورات اور ہر اُونچی چیز کو جو خُدا کی پہچان کے برخلاف سر اُٹھائے ہوئے ہے ڈھا دیتے ہیں اور ہر ایک خیال کو قید کر کے مسیح کا فرمانبردار بنا دیتے ہیں۔" (2۔کرنتھیوں 10:4-5)

یسوع اسلئے آیا تا کہ آپ کثرت کی زندگی میں رہیں۔ چور (شیطان) چُرانے، مار ڈالنے اور ہلاک کرنے کو آتا ہے مگر یسوع اسلئے آیا تا کہ ہم زندگی بلکہ کثرت کی زندگی پائیں۔ (یوحنا 10:10) آپ روحانی، ذہنی، جسمانی، جذباتی اور معاشی طور پر کثرت کی زندگی سے لطف اندوز ہو سکتے ہیں کیونکہ خُدا آپکو آپ کے گھر، خاندانی زندگی، رشتوں، کاروبار/ملازمت اور ادارہ میں برکت دینا چاہتا ہے۔ گویا وہ آپ کیلئے اس مرضی کا حامل ہے کہ آپ اپنی زندگی کے تمام شعبوں میں کثرت کی زندگی گزاریں۔ اسلئے وہ آپ کو ہر اچھی چیز مفت میں عطا کریگا:

- ☆ اَے پیارے! میَں یہ دُعا کرتا ہوں کہ جسطرح تُو روحانی ترقی کر رہا ہے اُسی طرح تُو سب باتوں میں ترقی کرے اور تندرست رہے۔ (3۔یوحنا 2:1)
- ☆ جس نے اپنے بیٹے ہی کو دریغ نہ کیا بلکہ ہم سب کی خاطر اُسے حوالہ کر دیا وہ اُسکے ساتھ اور سب چیزیں بھی ہمیں کس طرح نہ بخشے گا؟" (رومیوں 32:8)

جب آپ خُدا کی بادشاہی کی رعایا میں شامل ہو جاتے ہیں تو آسمان کی تمام برکات آپ کی ملکیت بن جاتی ہیں چنانچہ آپ سلامتی، شادمانی، خوشحالی، اُمید، تندرستی اور بہتات حاصل کرنے کے مستحق ہو جاتے ہیں: **"ہمارے خُداوند یسوع مسیح کے خُدا اور باپ کی حمد ہو جس نے ہم کو مسیح میں آسمانی مقاموں پر ہر طرح کی روحانی برکت بخشی۔" (افسیوں 3:1)**

خُدا سے وصولیابی کا بنیادی بھید دیگر ایمانداروں کی مالی مدد کرنے میں پوشیدہ ہے چنانچہ خُدا آپ کو اسلئے ضرورت سے بڑھکر دینا چاہتا ہے تا کہ آپ اپنے اردگرد کے مسیحیوں اور حاجتمندوں کیلئے باعثِ برکت ہو سکیں اور آپ میں ہر طرح کے نیک کاموں کا پھل لگے۔ (پیدائش 2:12، کلسیوں 10:1)

باب9

بادشاہی کی زندگی

اب جبکہ آپ مسیحی/نجات یافتہ بن چکے ہیں تو آپ کو ایسے اقدامات کی ضرورت ہوگی جو آپ کو خُدا کی قربت میں چلنے اور زندگی میں حکمرانی کرنے میں مددومعاون ہوں جن میں سے چند ایک اقدام حسبِ ذیل ہیں: ".... جس نے تم میں نیک کام شروع کیا ہے وہ اُسے یسوع مسیح کے دن تک پُورا کردیگا۔" (فلپیوں 6:1)

کلامِ خُدا کی تلاوت کریں

بائبل آپ کی زندگی کیلیئے خُدا کا کلام ہے۔ جسطرح ہمارے جسموں کو خوراک کی ضرورت ہوتی ہے اُسی طرح آپ کی رُوحانی زندگی کو کلامِ خُدا میں سے رُوحانی خوراک کی ضرورت ہے۔ خُدا بائبل مقدس کے وسیلہ سے آپ کے دل سے ہم کلام ہوتا اور آپ کی نئی زندگی کیلیئے اپنے منصوبوں کو ظاہر کرتا ہے: "ہر ایک صحیفہ جو خُدا کے الہام سے ہے تعلیم اور الزام اور اِصلاح اور راستبازی میں تربیت کرنے کیلیئے فائدہ مند بھی ہے تاکہ مردِ خُدا کامل بنے اور ہر ایک نیک کام کیلیئے بالکل تیار ہو جائے۔" (2۔ تیمتھیس 3:16-17)

بائبل آپکے نام خُدا کا محبت نامہ ہے جس میں آپ کی زندگی کیلیئے خُدا کے آئین، انسانوں کے ساتھ خُدا کے سلوک کی تواریخ، عمدہ مزامیر اور امثال، نبوّتی آگاہیاں اور حوصلہ افزائی، یسوع مسیح کی حیاتِ مبارکہ، مسیحی تعلیمات کی تفاسیر اور اُس مستقبل کی جھلک نظر آتی ہے جو یسوع مسیح کی آمد ثانی اور ہزار سالہ سلطنت میں اُسکی حکمرانی پر مشتمل ہے: **"کیونکہ خُدا کا کلام زندہ ہے اور مؤثر اور ہر ایک دودھاری تلوار سے زیادہ تیز ہے اور جان اور رُوح اور بند بند اور گودے کو جُدا کر کے گذر جاتا ہے اور دل کے خیالوں اور ارادوں کو جانچتا ہے۔" (عبرانیوں 12:4)** کلامِ خُدا کی سچائی ابدی ہے: **"ہاں گھاس مُرجھاتی ہے، پھول کملاتا ہے پر ہمارے خُدا کا کلام ابد تک قائم ہے۔" (یسعیاہ 8:40)**

جب آپ کلامِ خُدا کی تلاوت کرینگے تو گناہ پر فتح حاصل کرنے کا تجربہ حاصل کرینگے: "جوان اپنی روش کس طرح پاک رکھے؟ تیرے کلام کے مطابق اُس پر نگاہ رکھنے سے .... میں نے

کلام کو اپنے دل میں رکھ لیا ہے تاکہ تیرے خلاف گناہ نہ کروں۔" (زبور 11,9:110)
قارئین ! میرا مشورہ ہے کہ ہر روز بائبل کے کم از کم ایک باب کی تلاوت ضرور کریں۔ آغازِ تلاوت کیلئے بہترین کتاب "انجیلِ یوحنا" ہے جو کہ یسوع مسیح کو سادہ مگر زبردست انداز میں پیش کرتی ہے۔

آیات کو زبانی یاد کریں

اگر آپ آیات کو زبانی یاد کریں تو وہ آپکو مشکلات و مسائل کے دوران عجیب طرح کا اطمینان اور حوصلہ افزائی عطا کرینگی: "شریعت کی یہ کتاب تیرے مُنہ سے نہ ہٹے بلکہ تجھے دِن اور رات اسی کا دھیان ہو تا کہ جو کچھ اس میں لکھا ہے اُس سب پر تُو احتیاط کر کے عمل کر سکے تب ہی تجھے اقبالمندی کی راہ نصیب ہوگی اور تُو خوب کامیاب ہوگا۔" (یشوع 8:1)

دن	حوالہ	آیت
پہلا دن	یوحنا 16:3	خُدا نے دنیا سے ایسی محبت رکھی کہ اپنا اکلوتا بیٹا بخش دیا تا کہ جو کوئی اُس پر ایمان لائے ہلاک نہ ہو بلکہ ہمیشہ کی زندگی پائے۔
دوسرا دن	1۔ یوحنا 9:1	اگر اپنے گناہوں کا اقرار کریں تو وہ ہمارے گناہوں کے معاف کرنے اور ہمیں ساری ناراستی سے پاک کرنے میں سچا اور عادل ہے
تیسرا دن	یعقوب 7:4	پس خُدا کے تابع ہو جاؤ اور ابلیس کا مقابلہ کرو تو وہ تم سے بھاگ جائیگا
چوتھا دن	اعمال 8:1	لیکن جب رُوح القدس تم پر نازل ہوگا تو تم قوت پاؤ گے اور یروشلیم اور تمام یہودیہ اور سامریہ میں بلکہ زمین کی انتہا تک میرے گواہ ہوگے
پانچواں دن		جسکے پاس میرے حکم ہیں اور وہ اُن پر عمل کرتا ہے وہی مجھ سے محبت رکھتا ہے اور جو مجھ سے محبت رکھتا ہے وہ میرے باپ کا پیارا ہوگا اور مَیں اس سے محبت رکھونگا اور اپنے آپ کو اُس پر ظاہر کرونگا۔
چھٹا دن	1۔ یوحنا 15-14:5	اور ہمیں جو اُسکے سامنے دلیری ہے اسکا سبب یہ ہے کہ اگر اُسکی مرضی کے موافق کچھ مانگتے ہیں تو وہ ہماری سنتا ہے اور جب ہم جانتے ہیں کہ جو کچھ ہم مانگتے ہیں وہ ہماری سنتا ہے تو یہ بھی جانتے ہیں کہ جو کچھ ہم نے اُس سے مانگا ہے وہ پایا ہے
ساتواں دن	مرقس 24:11	اسلیئے مَیں تم سے کہتا ہوں کہ جو کچھ تم دُعا میں مانگتے ہو یقین کرو کہ تمکو مِل گیا اور وہ تم کو مِل جائیگا۔

اگر آپ کو اِن آیات کے زبانی یاد کرنے میں دشواری ہو تو میری حسبِ ذیل چند ہدایات سے استفادہ کریں:۔

(ا) باآواز بلند پڑھیں

رومیوں 10:17 کے مطابق ''ایمان سننے سے پیدا ہوتا ہے۔'' جب آپ اسقدر بلند آواز سے پڑھیں کہ آپ کی آواز خود آپ کے کانوں میں سنائی دے تو پڑھی جانے والی آیت آپ کے ایمان کی تعمیر کریگی اور اِسے زبانی یاد کرنا بھی آسان ہو جائیگا۔

(ب) آیت کو حصّوں میں تقسیم کرلیں۔

اگر آیت لمبی ہو تو اُسے حصّوں میں تقسیم کر کے باآواز بلند پڑھیں جب تک کہ مکمل آیت یاد نہ ہو جائے۔

(ج) آیات کو بار بار پڑھیں

یشوع 1:8 میں کلام پر دھیان کرنے کی نصیحت کی گئی ہے۔ دھیان کرنے کیلئے مترادف لفظ ''چبانا'' ہے۔ جسطرح گائے اپنا چارہ لگاتار چباتی رہتی ہے اُسی طرح ہمیں بھی ذہنی طور پر کلامِ خُدا کی جگالی کرنا چاہیئے۔ آیات کا اِعادہ کلام کو آپکی رُوح کیساتھ چسپاں کریگا اور آپکی زندگی کو بدلنا شروع کر دیگا۔

(د) اپنی زندگی پر کلامِ خُدا کا اطلاق (بذریعہ اقرار) کریں۔

آپ کی زندگی یا تو آپ کے اقرار کے معیار سے بڑھکر ہوگی یا کمتر چنانچہ آپ کے مُنہ سے دُہرائے جانے والا کلام آپ کی حالت کو ظاہر کریگا: ''.... جو دل میں بھرا ہے وہی مُنہ پر آتا ہے۔ اچھا آدمی اچھے خزانہ سے اچھی چیزیں نکالتا ہے اور بُرا آدمی بُرے خزانہ سے بُری چیزیں نکالتا ہے اور مَیں تم سے کہتا ہوں کہ جو نکمی بات لوگ کہینگے عدالت کے دن اسکا حساب دینگے کیونکہ تُو اپنی باتوں سے راستباز ٹھہرایا جائیگا اور اپنی باتوں کے سبب سے قصوروار ٹھہرایا جائیگا۔'' (متی 12:34-37) پس خُدا کے وعدوں کا اقرار ہی خُدا کے وعدوں کا قبضہ دلاتا ہے۔ گویا آپ کی زبان سے نکلنے والے آواز یا تو آپ کی مدد کرینگے یا کسی بات سے روکیں گے: ''موت اور زندگی زبان کے قابو میں ہیں اور جو اُسے دوست رکھتے ہیں اسکا پھل کھاتے ہیں۔'' (امثال 18:21)

ہر روز بلا ناغہ دُعا کریں

دُعا کرنا خُدا سے براہِ راست رابطہ کرنا ہے اسلیئے آپکو ہر روز دُعا کرنے کی عادت اپنانا چاہیئے: ''.... راستباز کی دُعا کے اثر سے بہت کچھ ہوسکتا ہے۔'' (یعقوب 16:5) اِس وعدہ کے معنی یہ ہیں کہ خُدا ہماری دُعاؤں کو سنتا اور انکا جواب دیتا ہے۔ دُعا کرنا دِل سے خُدا کے ساتھ گفتگو کرنا ہے جس میں آپ خُدا کو اپنے احساسات بتا سکتے ہیں۔ پس اسکے سامنے اپنی مشکلات کو کھول کر رکھ دیں کیونکہ وہ آپ کی زندگی کے تمام شعبوں میں مدد کرنا چاہتا ہے: ''اور اپنی ساری فکر اُس پر ڈال دو کیونکہ اسکو تمہاری فکر ہے۔'' (1۔ پطرس 7:5) اپنی زندگی میں خُدا کی بھلائی کے کاموں کیلیئے خُدا کا شکر کریں اور اُسے بتائیں کہ آپ اُس سے کس قدر محبت کرتے ہیں۔

دُعا ایک دوطرفہ گفتگو ہے: ''کہ مجھے پُکار اور مَیں تجھے جواب دونگا اور بڑی بڑی اور گہری باتیں جن کو تُو نہیں جانتا تجھ پر ظاہر کرونگا۔'' (یرمیاہ 3:33) دُعا کے بعد خاموشی میں خُدا کے جواب کو سنیں۔ آپ جانتے ہیں کہ ریڈیو سٹیشن کی نشریات مسلسل جاری رہتی ہیں لیکن جب تک آپ اُسکے بٹن درست طریقہ سے نہیں چلاتے اُس وقت تک کوئی سِگنل حاصل نہیں ہوتا۔ بعین ہی خُدا بھی ہر وقت آپ سے بات چیت کرنے کیلیئے تیار رہتا ہے لیکن آپ کو اُسکی آواز کے سننے کیلیئے کچھ نہ کچھ کرنا ہوگا۔ اسکا بہترین طریقہ یہ ہے کہ دُعا میں خُداوند کی اُس دُعا سے مدد لیں جو اُس نے اپنے شاگردوں کو سکھائی۔ اِس دُعا کے ہر ایک جملہ کو سمجھیں اور اپنے الفاظ میں انہیں خُدا کے سامنے پیش کریں۔

''..... اَے ہمارے باپ! تُو جو آسمان پر ہے۔ تیرا نام پاک مانا جائے۔ تیری بادشاہی آئے۔ تیری مرضی جیسی آسمان پر ہوتی ہے زمین پر بھی ہو۔ ہماری روز کی روٹی آج ہمیں دے اور جس طرح ہم نے اپنے قرضدروں کو معاف کیا ہے تُو بھی ہمارے قرض ہمیں معاف کر اور ہمیں آزمائش میں نہ لا بلکہ بُرائی سے بچا کیونکہ بادشاہی اور قدرت اور جلال ہمیشہ تیرے ہی ہیں۔ آمین۔'' (متی 16-9:6)

ایمانداروں سے رفاقت رکھیں

باقاعدگی سے کلیسیائی عبادات میں شریک ہوں کیونکہ تنہا خود سے مضبوط مسیحی بن جانا ممکن نہیں ہے: **''اور ایک دوسرے کے ساتھ جمع ہونے سے باز نہ آئیں جیسا بعض لوگوں کا دستور ہے بلکہ**

ایک دوسرے کو نصیحت کریں اور جس قدر اُس دن کو نزدیک ہوتے ہوئے دیکھتے ہو اُسی قدر زیادہ کیا کرو۔" (عبرانیوں 10:25) آمدِ ثانی کا وقت جس قدر قریب تر ہو رہا ہے اتنا ہی آپ کیلئے کلیسیا میں جانا زیادہ اہم بن جاتا ہے جو کہ زمین پر خُدا کی بادشاہی کا ایک دیدنی مظہر ہے۔ آپکو دوسرے ایمانداروں سے مدد، حوصلہ افزائی اور تربیت حاصل کرنے کی ضرورت ہے اسلئے لازمی ہے کہ آپ کسی کلیسیا کے باقاعدہ ممبر ہوں اسلئے کسی ایسی کلیسیا کی تلاش کریں جہاں کلامِ خُدا کو دیانتداری کے ساتھ پیش کیا جاتا ہو۔ اُس پاسٹر کی تلاش کریں جو بائبل کی منادی کرتا اور خُدا کی معجزانہ قدرت پر ایمان رکھتا ہو۔ ایسی کلیسیا کی تلاش کریں جہاں لوگ نجات اور شفا پاتے ہوں۔ ایسی کلیسیا میں جائیں جہاں اُسکی عمارت میں داخل ہوتے ہی آپ کو خُدا کی حضوری کا احساس پیدا ہو۔

پانی کا بپتسمہ لیں

پانی میں بپتسمہ لینا مسیحی زندگی کا ایک اہم حصّہ ہے۔ یہ ہماری پرانی انسانیت کی موت اور نئی پیدائش میں زندہ ہونے کی علامت ہے۔ یسوع نے اپنے شاگردوں کو بتایا اور حکم دیا تھا:۔

> ☆ جو ایمان لائے اور بپتسمہ لے وہ نجات پائیگا اور جو ایمان نہ لائے وہ مجرم ٹھہرایا جائے گا۔" (مرقس 16:16) ☆ پس تم جا کر سب قوموں کو شاگرد بناؤ اور ان کو باپ اور بیٹے اور رُوح القدس کے نام سے بپتسمہ دو۔" (متی 28:19)

یسوع نے اپنی خدمت کے آغاز میں خود بھی دریائے یردن میں بپتسمہ لیا تھا۔ (متی 3:13-17) پھر عید پنتکُست کے دن پطرس نے لوگوں کو قدرت سے معمور پیغام دیا اور اسکا اطلاق کرتے ہوئے کہا: "..... توبہ کرو اور تُم میں سے ہر ایک اپنے گناہوں کی معافی کیلئے یسوع مسیح کے نام پر بپتسمہ لے تو تم روح القدس انعام میں پاؤ گے..... پس جن لوگوں نے اسکا کلام قبول کیا انہوں نے بپتسمہ لیا....." (اعمال 2:38,41)

☆ پطرس نے کرنیلیس کے تمام گھرانہ کو پانی کا بپتسمہ دیا جسکے بعد انہوں نے رُوح القدس کا بپتسمہ بھی لیا۔ (اعمال 10:44-48)

☆ پولس نے بھی نجات پانے کے بعد بپتسمہ لیا (اعمال 9:18) اور پھر وہ اپنی تمام خدمت کے دوران لوگوں کو بپتسمہ دیتا رہا۔ (اعمال 19:1-6، 16:31-33)

دینے والے بنیں

> **دیا کرو تمہیں بھی دیا جائیگا۔ اچھا پیمانہ داب داب کر اور ہلا ہلا کر اور لبریز کر کے تمہارے پلے میں ڈالینگے کیونکہ جس پیمانہ سے تم ناپتے ہو اُسی سے تمہارے لئے ناپا جائیگا۔" (لوقا 38:6)**

جس طرح کوئی کسان بیج بونے کے بعد فصل کی توقع کرتا ہے اُسی طرح جب آپ خُدا کو دیں تو آپ کو بھی فصل کی توقع کرنا چاہیئے۔ ہمیں ہمیشہ دوستوں سے تحائف لیکر خوشی ہوتی ہے۔ تصوّر کریں کہ جب آپ خُدا کو دیتے ہیں تو وہ کسقدر شادمان ہوتا ہے۔ یسوع مسیح کا ارشاد ہے: "..... **دینا لینے سے مبارک ہے۔**" (اعمال 35:20) جتنا زیادہ خُدا نے دیا ہے اُس پر سبقت لیکر اُس سے زیادہ دینا کسی طور پر ممکن نہیں ہے گویا وہ ہمارے دینے سے ہمیشہ زیادہ لوٹاتا ہے۔ اسلئے جب آپ خُدا کو دیں تو خوش ہوں: "**.... جو تھوڑا بوتا ہے وہ تھوڑا کاٹیگا اور جو بہت بوتا ہے وہ بہت کاٹیگا۔ جس قدر ہر ایک نے ٹھہرایا ہے اُسی قدر دے نہ دریغ کر کے اور نہ لاچاری سے کیونکہ خُدا خوشی سے دینے والے کو عزیز رکھتا ہے۔**" (2۔کرنتھیوں 9:6-7)

دوسروں کو یسوع کی بابت بتائیں

یسوع نے اپنے شاگردوں سے یُوں کہا تھا: "میرے پیچھے چلے آؤ تو میں تم کو آدم گیر بناؤنگا۔" (متی 19:4) ہمیں بھی شاگرد ہونے کے باعث مسیح کا ایلچی ہونے کیلیئے بلایا گیا ہے۔ (2۔کرنتھیوں 20:5) آپکے حلقۂ اثر میں (بشمول پڑوسی، ہمکار، گھرانہ کے لوگ اور دوست) بہت سے لوگ ایسے ہو سکتے ہیں جنہیں خُدا کی بابت سننے کی اشد ضرورت ہو: "**مگر جس پر وہ ایمان نہیں لائے اس سے کیونکر دُعا کریں؟ اور جسکا ذکر انہوں نے سنا نہیں اُس پر ایمان کیونکر لائیں؟ اور بغیر منادی کرنے والے کے کیونکر سنیں؟ اور جب تک بھیجے نہ جائیں منادی کیونکر کریں؟ چنانچہ لکھا ہے کہ کیا ہی خوشنما ہیں اُن کے قدم جو اچھی چیزوں کی خوشخبری دیتے ہیں۔**" (رومیوں 10:14-15) اب جبکہ آپ بھی مسیحی ہیں تو یہ آپ کی ذمہ داری ہے کہ دوسروں کو یسوع مسیح کی بابت بتائیں۔ گواہ بننے کا بہترین طریقہ یہ ہے کہ ایسی زندگی بسر کی جائے جو دوسروں سے مختلف ہو۔ آپ اپنے نئے ایمان کا اظہار اپنی حرکات وسکنات، اعمال، عادات اور طرزِ زندگی سے کر سکتے ہیں: "**اِسی طرح تمہاری روشنی**

آدمیوں کے سامنے چمکے تا کہ وہ تمہارے نیک کاموں کو دیکھکر تمہارے باپ کی جو آسمان پر تمجید کریں۔" (متی 16:5) جب لوگ دیکھیں گے کہ آپ خُدا کیلیئے دینداری کی زندگی بسر کر رہے ہیں تو اُن پر انکشاف ہوگا کہ یسوع مسیح نے آپ کی زندگی کو کس طور پر تبدیل کر دیا ہے۔ اس طرح آپ کیلیئے گناہگاروں تک خوشخبری کو پہنچانا آسان ہو جائیگا۔

> گواہی دینا (بشارت دینا) فاقوں مرنے والے اُس بھکاری کی مانند ہے جسے کہیں سے روٹی ملتی ہے اور وہ جا کر دوسرے بھکاریوں کو خبر دیتا ہے کہ انہیں بھی اُسی جگہ سے روٹی میسر آسکتی ہے جہاں سے اُسے ملی تھی۔ (بلی گراہم)

اگر خُدا نے آپ کو نجات یا شفا بخشی ہے تو قرب و جوار میں اسکی گواہی دیں۔ اگر خُدا نے آپ کو شیطان کے دباؤ سے رہائی دی ہے تو اپنی کہانی کسی اور کو سنائیں۔ خُدا سے دُعا کریں کہ وہ آپکو ایسے مواقع فراہم کرے جن میں آپ دوسرے لوگوں کو مسیح کی بابت بتا سکیں۔ یقیناً خُدا آپ کو بہت سے ایسے مواقع فراہم کریگا جہاں آپ گواہی دے سکیں۔

اعمال 8:1 میں گواہی دینے کے سلسلہ کا آغاز شاگردوں کے آبائی شہر یروشلیم سے ہُوا لیکن شاگرد وہاں رُک نہیں گئے بلکہ اپنے تمام ملک، ہمسائیہ ممالک اور حتیٰ کہ زمین کی انتہا تک پہنچ گئے۔ دراصل یسوع نے بھی اپنے شاگردوں کو یہی حکم دیا تھا:

> "....تم تمام دنیا میں جا کر ساری خلق کے سامنے انجیل کی منادی کرو۔" 〈مرقس 15:16〉

مصنف کا تعارف

ڈینیل کنگ ایک ایسے مسیحی نوجوان ہیں جنہیں تمام امریکہ میں کلیسیاؤں اور کانفرنسوں میں پیغام دینے کیلئے مدعو کیا جاتا ہے۔ وہ جہاں کہیں جاتے ہیں اپنے خدمتی بوجھ، توانائی اور جوش وخروش کے باعث سامعین کو رُوحانی سُرور پہنچانے کا وسیلہ بنتے ہیں۔

ڈینیل کنگ ایک بین الاقوامی مبشرِ انجیل ہیں جنہیں خُدا دُنیا بھر میں ایسے کروسیڈز میں انجیل کی بشارت کیلئے استعمال کرتا ہے جہاں لاکھوں افراد اُن کی منادی سے فیض یاب ہوتے ہیں۔ یہ کھوئے ہُوؤں کی تلاش کا بوجھ ہی ہے جو انہیں اب تک دُنیا کے تیس ممالک میں بشارتِ انجیل کیلئے لے جا چکا ہے اور جہاں انکے ہر ایک کروسیڈ میں پچاس ہزار سے زاہد افراد پیغامِ نجات سن چکے ہیں۔

خُدا نے موصوف کو صرف پانچ سال کی عمر میں اپنی خدمت کیلئے بلا لیا جس کے بعد انہوں نے چھ سال کی عمر میں منادی کرنے کا آغاز کر دیا۔ جب وہ دس سال کی عمر کو پہنچے تو اُنکے والدین مشنری خدمت کیلئے میکسیکو چلے گئے جہاں آپ نے چودہ برس کی عمر میں چلڈرن منسٹری کا آغاز کر دیا جس سے انہیں نوجوانی میں ہی امریکہ کی بڑی بڑی کلیسیاؤں میں خدمت کرنے کے مواقع میسّر آئے۔

پندرہ برس کی عمر میں انہیں ایک ایسی تصنیف پڑھنے کا موقع ملا جس میں اُسکے مصنف نے نوجوانوں کو تیس (30) برس کی عمر تک پہنچنے سے قبل ساٹھ کروڑ روپے کمانے کا ہدف لینے کی ترغیب دی ڈینیل نے مذکورہ تصنیف کی ایک نئی تشریح کرتے ہوئے تیس سال کی عمر تک پہنچنے سے قبل ساٹھ کروڑ روحوں کو مسیح تک لانے کا ہدف مقرر کیا جسے حاصل کرنے کیلئے وہ شب وروز مصروفِ عمل ہیں۔ آپ آٹھ کتابوں کے مصنف ہیں جن میں سے زیرِ نظر تصنیف اب تک ساٹھ ہزار نئے ایمانداروں میں مفت تقسیم کی جا چکی ہے۔

Our Goal?
Every Soul!

Daniel & Jessica King

KING
MINISTRIES
INTERNATIONAL

Soul Winning Festivals

Dominican Republic

Honduras

Panama

Mexico

Guatemala

Sudan

Brazil

Haiti

Pakistan

Indonesia

India

Haiti

South Africa

Colombia

Peru

Nicaragua

Soul Winning Festivals

Sambava, Madagascar

Wondo Genet, Ethiopia

Kihihi, Uganda

Guder, Ethiopia

Kawdé Bouké, Haiti

Copan, Honduras

Soul Winning Festivals

Metu, Ethiopia

Khushpur, Pakistan

Roca Blanca, Mexico

Sialkot, Pakistan

Agere Maryam, Ethiopia

Kisaran, Indonesia

The Blind See

The Deaf Hear

Cripples Walk

Miracles Prove Jesus is Alive!

Empty Wheelchair

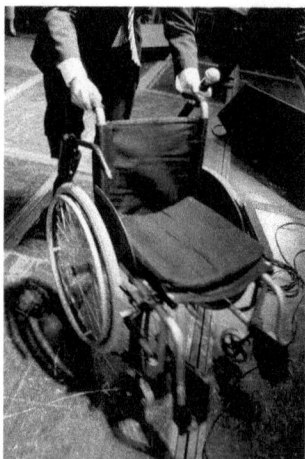

Set Free From Demons

Lame Walking

Tumor Gone

The vision of King Ministries is
to lead 1,000,000 people to Jesus every year
and to train believers to become leaders.

To contact Daniel & Jessica King:

Write:

King Ministries International

PO Box 701113

Tulsa, OK 74170 USA

King Ministries Canada

PO Box 3401

Morinville, Alberta T8R 1S3 Canada

Call toll-free: 1-877-431-4276

Visit us online:
www.kingministries.com

E-Mail:
daniel@kingministries.com